FONDOS INDEXADOS Y ETFS

Estrategias para el Inversor Moderno

Michael Black

Derechos de autor © 2026 Michael Black

Todos los derechos reservados

Ninguna parte de este libro puede ser reproducida ni almacenada en un sistema de recuperación, ni transmitida de cualquier forma o por cualquier medio, electrónico, o de fotocopia, grabación o de cualquier otro modo, sin el permiso expreso del editor.

FONDOS INDEXADOS Y ETFS
Estrategias para el Inversor Moderno

Guía completa, accesible y actualizada · Edición 2026
Escrita para quien jamás ha invertido y quiere empezar con buen pie

Aviso legal: Este libro tiene finalidad exclusivamente educativa e informativa. No constituye asesoramiento financiero, fiscal o legal. Las rentabilidades históricas no garantizan resultados futuros. Invertir conlleva riesgos, incluida la pérdida del capital invertido.

NOTA EDITORIAL

Esta edición ha sido pensada desde el primer momento para personas que nunca han invertido en bolsa y que, quizá, sienten cierta desconfianza o respeto hacia el mundo de las finanzas. Por eso, cada concepto se explica desde cero, sin dar nada por supuesto, con ejemplos cotidianos y un lenguaje que cualquier persona puede entender. No necesitas saber matemáticas, ni tener experiencia previa, ni ser un experto en economía para seguir esta guía de principio a fin.

Si ya tienes conocimientos, este libro te servirá igualmente como referencia completa y actualizada. Todos los datos fiscales corresponden a la normativa española vigente en 2024, las comisiones y productos mencionados están actualizados a 2026, y se incluyen las correcciones de cálculo necesarias para que las cifras sean correctas.

El objetivo es sencillo: que, cuando termines de leer, sepas exactamente qué son los fondos indexados y los ETFs, cómo funcionan, cuánto cuestan realmente, qué riesgos tienen, cómo construir tu propia cartera de inversión y cómo optimizar tu declaración fiscal. Y que lo entiendas de verdad, no a medias tintas.

INTRODUCCIÓN: EL SECRETO QUE LOS BANCOS NO QUIEREN QUE SEPAS

Permíteme contarte una historia real que cambia la forma en que millones de personas entienden el dinero. Es la historia de Ronald Read, un hombre que vivió en Brattleboro, un pequeño pueblo del estado de Vermont, en Estados Unidos. Ronald trabajó durante veinticinco años como empleado de una gasolinera, cobrando un salario modesto. Después, pasó diecisiete años más como conserje en unos grandes almacenes llamados JCPenney. Nunca tuvo un trabajo ejecutivo, nunca heredó una fortuna, nunca ganó la lotería. Su vida era la de una persona corriente: trabajadora, discreta, ahorradora.

Cuando Ronald Read falleció en 2014, a los 92 años, dejó un patrimonio de más de 8 millones de dólares. Sí, has leído bien: ocho millones. De ellos, donó 6 millones a la biblioteca local y al hospital de su pueblo. La noticia apareció en periódicos de todo el mundo porque nadie en el pueblo podía creerlo. ¿Cómo había acumulado esa cantidad un conserje jubilado?

La respuesta, cuando se investigó, resultó ser tan sencilla que resulta casi decepcionante. Ronald había comprado acciones de empresas sólidas a lo largo de décadas, había reinvertido todos los dividendos que esas empresas le pagaban, y, sobre todo, nunca había vendido. No tenía gestor de fondos, no pagaba comisiones astronómicas a ningún banco, no seguía las recomendaciones de los analistas de televisión. Simplemente compraba empresas buenas, dejaba que el tiempo hiciera el trabajo y esperaba.

Hoy en día, esa misma filosofía que Ronald Read aplicó con acciones individuales tiene unos vehículos perfectos que hacen que sea aún más fácil y más barato para cualquier persona: los fondos indexados y los ETFs. Y nunca ha sido tan accesible para cualquier persona como lo es ahora. Con tu móvil y una cuenta en un bróker online, puedes empezar a invertir en los mismos productos que utilizan los grandes inversores institucionales de todo el mundo, con comisiones mínimas.

La Simulación Que Lo Cambia Todo

Para entender el poder real de la inversión pasiva, imagina un escenario concreto. Supongamos que en enero de 1993 decides empezar a ahorrar e invertir 300 euros al mes. No una cantidad desorbitada: 300 euros, lo que muchas personas gastan en ocio, restaurantes o suscripciones mensuales. Y decides invertir esos 300 euros cada mes, sin falta, en un fondo indexado que replique el S&P 500, que es el índice que agrupa las 500 empresas más grandes de Estados Unidos.

Durante esos treinta años no tocas el dinero. No vendes cuando hay crisis, no compras más cuando hay euforia. Simplemente inviertes tus 300 euros cada mes, mes tras mes, año tras año. Tu aportación total de tu bolsillo habría sido de 108.000 euros a lo largo de tres décadas. Gracias al interés compuesto y a la rentabilidad histórica del mercado americano, tu cartera habría crecido hasta aproximadamente 650.000 euros. Esa es la diferencia entre ahorrar e invertir: tus ahorros habrían sido 108.000 euros, pero tu patrimonio habría sido casi seis veces mayor.

Es importante entender una distinción clave desde el principio: a lo largo de este libro, cuando hablemos de rentabilidades, siempre indicaremos si se trata de rentabilidad nominal (lo que muestra tu cuenta sin tener en cuenta la inflación) o rentabilidad real (lo que realmente ganas en capacidad adquisitiva después de descontar el efecto de la inflación). Esto es fundamental porque 10 euros de hace veinte años no compraban lo mismo que 10 euros de hoy.

Concepto	Explicación sencilla
Rentabilidad nominal	El porcentaje que ganas sin descontar la inflación. Si ganas un 8 % pero la inflación es un 3 %, tu rentabilidad nominal es 8 %.
Rentabilidad real	Lo que realmente ganas en poder de compra. En el ejemplo anterior, tu rentabilidad real sería aproximadamente un 5 % (8 % - 3 %).
Interés compuesto	El efecto mágico por el cual los beneficios que generas también generan beneficios. Es como una bola de nieve que crece cada vez más rápido mientras rueda por la ladera.
S&P 500	Un índice que agrupa las 500 empresas más grandes cotizadas en Estados Unidos. Es el indicador más seguido del mercado americano y, probablemente, del mundo.

¿Por Qué Este Libro?

Más del 93 % de los fondos de inversión activos domiciliados en España obtuvieron peores resultados que su índice de referencia en los últimos quince años. Esa cifra no es una opinión ni una exageración: procede del SPIVA, un informe que publica periódicamente S&P Dow Jones Indices analizando el rendimiento de miles de fondos activos de todo el mundo. El resultado se repite año tras año, década tras década, en prácticamente todos los países y todas las categorías de fondos.

Esto significa que, si hubieras invertido en el índice S&P 500 hace quince años, habrías batido al 93 % de los profesionales que se dedican profesionalmente a intentar superar ese mismo índice. Los gestores de fondos activos cobran comisiones elevadas por supuesto talento y experiencia para elegir las mejores acciones, pero la realidad demuestra que, en la inmensa mayoría de los casos, no lo consiguen.

Esta guía está completamente actualizada a 2026, corrige errores de cálculo que afectan a otras publicaciones del género, e incluye todo lo que necesitas saber para empezar a invertir con garantías. No te prometemos hacerte rico rápido porque eso no existe. Te enseñamos a construir riqueza de forma lenta, aburrida y, sobre todo, fiable.

CAPÍTULO 1: FUNDAMENTOS — QUÉ SON LOS FONDOS INDEXADOS Y LOS ETFS

Si nunca has invertido en tu vida, este capítulo es el punto de partida perfecto. Vamos a explicar desde cero qué son exactamente los fondos indexados y los ETFs, cómo se diferencian entre sí y con otros productos financieros, y por qué se han convertido en la opción preferida de millones de inversores en todo el mundo. No te preocupes si algunos términos te resultan nuevos: los iremos explicando uno por uno, con ejemplos sencillos.

1.1 Definición Y Diferencias Fundamentales

¿Qué es un fondo de inversión?

Antes de hablar de fondos indexados, necesitas entender qué es un fondo de inversión en general. Imagina que tú y otros veinte amigos queréis comprar un piso, pero ninguno tiene suficiente dinero para comprarlo entero. ¿Qué hacéis? Poneis dinero en común, compráis el piso entre todos y cada uno posee un porcentaje proporcional a lo que ha aportado. Si tú has puesto el 10 % del dinero total, eres dueño del 10 % del piso.

Un fondo de inversión funciona exactamente igual, pero en lugar de comprar un piso, compra acciones, bonos u otros activos financieros. Tú y miles de inversores ponéis dinero en común, un gestor profesional lo invierte en una cesta de activos, y cada participante del fondo posee un porcentaje proporcional a lo que ha aportado. El valor de tu participación sube o baja cada día dependiendo de cómo se comporten los activos que el fondo tiene en su interior.

La gran ventaja del fondo de inversión es que, con una cantidad relativamente pequeña de dinero (a veces tan solo 1 euro o 3 euros por compra), puedes estar invirtiendo en cientos o miles de empresas distintas al mismo tiempo. Eso es diversificación pura, y es una de las claves para invertir con éxito a largo plazo.

¿Qué es un fondo indexado?

Un fondo indexado es un tipo particular de fondo de inversión que tiene un objetivo muy concreto y sencillo: replicar el comportamiento de un índice bursátil determinado. Nada más. No intenta superar al mercado, no intenta adivinar qué acciones van a subir, no intenta hacer compras y ventas inteligentes. Simplemente, copia el índice.

Pero, ¿qué es un índice bursátil? Piensa en un índice como si fuera una lista. El S&P 500 es una lista de las 500 empresas más grandes de Estados Unidos. El MSCI World es una lista de más de 1.500 empresas de 23 países desarrollados. El IBEX 35 es una lista de las 35 empresas más grandes de España. Un fondo indexado simplemente compra todas las acciones que componen esa lista, en las mismas proporciones, y las guarda en su cartera. Si el índice sube un 2 %, el fondo sube un 2 %. Si el índice baja un 1 %, el fondo baja un 1 %.

La diferencia fundamental con un fondo de inversión tradicional (al que llamaremos fondo activo) es que el fondo activo tiene un gestor que intenta adivinar qué acciones van a subir más que las demás. Ese gestor compra y vende constantemente, investiga empresas, analiza balances, lee informes económicos. Y todo ese trabajo tiene un coste: las comisiones de los fondos activos suelen estar entre el 1,5 % y el 2,5 % anual. Un fondo indexado, en cambio, simplemente copia la lista, no necesita análisis complicado, y sus comisiones suelen estar entre el 0,07 % y el 0,30 % anual.

En España, los fondos indexados están registrados como Instituciones de Inversión Colectiva (IIC) y puedes contratarlos directamente con la gestora (Vanguard, Amundi, iShares, etc.) o a través de tu banco habitual, aunque es mucho más barato hacerlo a través de plataformas online especializadas.

¿Qué es un ETF?

ETF son las siglas de Exchange-Traded Fund, que en español significa "fondo cotizado en bolsa". Un ETF es, en esencia, un fondo indexado que se compra y se vende en bolsa, exactamente igual que una acción de cualquier empresa. Mientras que un fondo indexado tradicional solo se puede comprar y vender una vez al día, al precio de cierre (lo que se llama valor liquidativo o NAV), un ETF se puede comprar y vender en cualquier momento del día mientras la bolsa esté abierta, y su precio cambia segundo a segundo.

La analogía más sencilla es esta: imagina que un fondo indexado normal es como comprar un billete de tren con reserva fija: tienes que esperar al horario del tren y pagar el precio que pongan en ese momento. Un ETF, en cambio, es como un billete de autobús urbano: puedes subirte y bajarte cuando quieras y el precio depende de la oferta y la demanda en cada momento.

Funcionalmente, un fondo indexado y un ETF hacen lo mismo: replican un índice. La diferencia está en cómo se compran y se venden. Los ETFs suelen tener comisiones ligeramente más bajas que los fondos indexados tradicionales y ofrecen mayor liquidez (puedes convertir tu inversión en efectivo en segundos), pero tienen una desventaja fiscal en España que explicaremos en el capítulo de fiscalidad.

Característica	Fondo Indexado	ETF
Se compra/vende	Una vez al día, al precio de cierre	En cualquier momento durante horario de bolsa, como una acción
Dónde se contrata	Gestora, banco, plataforma online	A través de un bróker de bolsa
Comisiones típicas	0,10 % - 0,40 % anual	0,07 % - 0,30 % anual
Diversificación	Alta (sigue un ín-	Alta (sigue un índice

mínima	dice completo)	completo)
Fiscalidad en España	Traspaso entre fondos sin tributar	Cada venta tributa por plusvalía
Accesibilidad	Muy fácil, desde 1 euro	Fácil, desde el precio de una participación (a veces 3-5 euros)
Custodia	La gestora o el banco	El bróker (pero los activos están segregados por ley)

1.2 Historia: De La "Locura De Bogle" A 10 Billones De Dólares

Para entender por qué los fondos indexados revolucionaron el mundo de la inversión, tenemos que viajar a 1975. En aquel entonces, la inversión en bolsa era un juego reservado casi exclusivamente a los ricos y a los profesionales. Los inversores particulares pagaban comisiones altísimas a sus agentes de bolsa por cada compra y venta, y los fondos de inversión cobraban entre el 2 % y el 3 % anual por supuesto talento para seleccionar acciones.

En ese contexto, un hombre llamado John Clifton Bogle, fundador de una pequeña empresa llamada Vanguard Group, propuso algo que en Wall Street sonaba a herejía absoluta. Bogle argumentaba que la mayoría de los gestores de fondos activos no conseguían, a largo plazo, superar el rendimiento promedio del mercado. Es decir, que después de cobrar sus comisiones, los inversores terminaban con menos dinero del que habrían obtenido si simplemente hubieran comprado todas las acciones del mercado en proporción a su tamaño.

El argumento de Bogle era matemáticamente irrefutable, y se basa en una lógica que cualquier persona puede entender: antes de cobrar comisiones, el conjunto de todos los inversores del mercado obtiene, por definición, el rendimiento medio del mercado. Es imposible que todos superen la media, del mismo modo que es imposible que todos los alumnos de una clase saquen por encima de la nota media. Después de descontar las comisiones que cobran los gestores activos (que son del 1,5 % al 2,5 % anual), el inversor medio de fondos activos obtiene un resultado inferior al mercado. Es pura matemática.

La idea de Bogle, que muchos tildaron de "loca" en su momento, era crear un fondo que simplemente copiara el mercado en lugar de intentar superarlo. Un fondo que no tuviera un equipo de analistas carísimos, que no hiciera compras y ventas constantes, que no intentara adivinar el futuro. Un fondo barato, simple y transparente.

En agosto de 1976, Vanguard lanzó el primer fondo indexado público para inversores minoristas: el Vanguard 500 Index Fund, que replicaba el S&P 500. En su oferta inicial captó solo 11 millones de dólares. La industria financiera se reía. Los competidores lo llamaban "el camino del mediocridad". Decían que ningún inversor en su sano juicio conformarse con el rendimiento medio del mercado.

Las décadas le dieron la razón a Bogle. Hoy, el Vanguard 500 Index Fund gestiona más de 1 billón de dólares (un millón de millones). Los fondos indexados y ETFs de todo el mundo suman más de 10 billones de dólares bajo gestión. Y John Bogle, que falleció en 2019, es considerado uno de los personajes más influyentes en la historia de las finanzas personales. Su filosofía se puede resumir en una frase: "No busques la aguja en el pajar. Compra el pajar entero."

1.3 El Mecanismo De Creación Y Redención De Los Etfs

Una de las preguntas más frecuentes cuando alguien descubre los ETFs es: si un ETF se compra y se vende en bolsa como una acción, ¿cómo se asegura de que su precio no se desvíe demasiado del valor real de los activos que tiene dentro? Porque, al fin y al cabo, si muchas personas quieren comprar un ETF al mismo tiempo, su precio en bolsa podría subir mucho por encima de lo que realmente vale, y viceversa.

La respuesta es un mecanismo brillante que es único de los ETFs y que se llama proceso de creación y redención. Para entenderlo, necesitas conocer a un actor clave: el Participante Autorizado, o AP (Authorized Participant, en inglés). Los APs son grandes instituciones financieras, como bancos de inversión y casas de bolsa, que tienen un contrato especial con la gestora del ETF. Son, si quieres, los mayoristas del sistema.

Funciona así: cuando hay mucha demanda de un ETF y su precio en bolsa empieza a subir por encima de su valor real (lo que se llama NAV, Net Asset Value), los APs intervienen. El AP compra directamente a la gestora del ETF un gran paquete de participaciones nuevas (lo que se llama un "lote de creación", normalmente de 50.000 participaciones) entregando a cambio las acciones que componen el índice que el ETF replica. Luego, el AP vende esas participaciones en el mercado abierto. Al aumentar la oferta de participaciones disponibles, el precio baja hasta acercarse de nuevo al valor real de los activos.

Cuando ocurre lo contrario, es decir, cuando el precio del ETF cae por debajo del valor real de sus activos, el proceso se invierte. Los APs compran participaciones baratas del ETF en el mercado, las devuelven a la gestora a cambio de las acciones subyacentes, y se quedan con la diferencia de beneficio. Al reducirse la oferta de participaciones en el mercado, el precio sube hasta acercarse al NAV.

El resultado práctico para ti, como inversor minorista, es que el precio de mercado de un ETF bien gestionado sobre un índice líquido se mantiene sistemáticamente muy cerca de su valor real. Las desviaciones suelen ser de apenas una o dos centésimas de porcentaje. Esto es importante porque significa que, cuando compras un ETF a un precio en bolsa, puedes confiar en que ese precio refleja razonablemente bien el valor de los activos que tienes dentro. Es un mecanismo invisible, pero es lo que convierte a los ETFs en productos tan eficientes y seguros para el inversor particular.

1.4 La Regulación Ucits: El Marco Europeo Que Te Protege

Cuando inviertes en Europa, hay una regulación que debes conocer porque es lo que garantiza tu seguridad como inversor: UCITS. Son las siglas de Undertakings for Collective Investment in Transferable Securities, que en español viene a significar algo así como "Organismos de Inversión Colectiva en Valores Negociables". Es la normativa europea que establece los requisitos mínimos que deben cumplir todos los fondos de inversión y ETFs que se comercializan en la Unión Europea para inversores minoristas.

Piensa en la etiqueta UCITS como en la marca de calidad de la Unión Europea para los fondos de inversión. Si un fondo o ETF tiene la etiqueta UCITS (y la inmensa mayoría de los que puedes comprar en España la tienen), significa que cumple con una serie de normas estrictas diseñadas para proteger tu dinero. No todas las normas son iguales en todos los países del mundo, así que la regulación UCITS te da un nivel de protección que no siempre encontrarás en fondos de otros países.

Estas son las protecciones principales que la regulación UCITS te ofrece como inversor:

- Diversificación mínima: ningún activo individual puede representar más del 5 % del valor total del fondo en condiciones normales (con algunas excepciones hasta el 10 %). Esto significa que, aunque el fondo tuviera ganas de poner todo tu dinero en una sola empresa, la ley se lo impide. Tu inversión está obligatoriamente repartida entre muchas empresas.
- Exposición a derivados limitada: los fondos UCITS no pueden utilizar derivados financieros (como swaps) por más del 10 % de su valor. Esto limita enormemente el riesgo de que el fondo pierda mucho dinero por apuestas financieras complicadas.
- Liquidez garantizada: los inversores tienen derecho a vender sus participaciones y recuperar su dinero en un plazo máximo de cinco días hábiles. Es decir, tu dinero nunca está "atrapado"

de forma indefinida.
- Documento KID obligatorio: antes de poder comprar cualquier fondo o ETF UCITS, la gestora debe proporcionarte un documento llamado KID (Key Information Document, o Documento de Datos Fundamentales) en tu idioma, con información estandarizada sobre costes, riesgos y rendimientos pasados. Más adelante, en el Capítulo 6, te explicaremos cómo leerlo.
- Custodia separada: esta es quizá la protección más importante de todas. Los activos que posee el fondo no pertenecen a la gestora ni al bróker donde lo compras. Están custodiados por una entidad separada (un depositario independiente). Si la gestora del fondo o tu bróker quiebra, los activos del fondo no forman parte de la masa concursal y se te devuelven. Tu dinero está a salvo.

Esta última protección merece una explicación más detallada porque es la que más tranquilidad da a los inversores. Cuando inviertes en un ETF a través de un bróker online, estás aportando dinero a un fondo que está gestionado por una gestora (por ejemplo, iShares/BlackRock) y custodiado por un depositario (por ejemplo, Barclays o BNP Paribas). Tu bróker es simplemente el intermediario que ejecuta la compra por ti. Si el bróker quiebra, tu inversión sigue existiendo dentro del fondo. Si la gestora quiebra, los activos del fondo están protegidos por la custodia separada. Es un sistema de protección en tres niveles.

CAPÍTULO 2: CÓMO FUNCIONAN — REPLICACIÓN, ÍNDICES Y SEGUIMIENTO

En el capítulo anterior entendimos qué son los fondos indexados y los ETFs a grandes rasgos. Ahora vamos a profundizar en los detalles técnicos de cómo funcionan por dentro. ¿Cómo consigue un fondo replicar exactamente el comportamiento de un índice? ¿Qué es eso de la replicación física y la sintética? ¿Qué son la tracking difference y el tracking error que tanto se mencionan? No te preocupes si suenan a chino: en este capítulo lo vas a entender todo.

2.1 Replicación Física Completa, Por Muestreo Y Sintética

Cuando un fondo indexado dice que "replica" un índice, puede hacerlo de tres formas diferentes. Cada una tiene sus ventajas y sus inconvenientes, y es importante que las conozcas porque afectan al riesgo y al coste de tu inversión.

Replicación física completa

Es la forma más sencilla y la más fácil de entender. El gestor del fondo simplemente compra todas y cada una de las acciones que componen el índice, exactamente en las mismas proporciones. Si el MSCI World contiene 1.500 empresas y la empresa Apple representa el 4,2 % del índice, el fondo destina el 4,2 % de su dinero a comprar acciones de Apple. Y hace lo mismo con las otras 1.499 empresas.

La ventaja principal de este método es su transparencia y simplicidad. Sabes exactamente qué acciones tiene el fondo en cada momento porque son las mismas que el índice. Además, no hay riesgo de contraparte (ya explicaremos esto cuando hablemos de replicación sintética). La desventaja es que, para índices muy grandes con miles de empresas, puede resultar caro y complicado de gestionar porque hay que comprar y mantener muchas posiciones pequeñas.

Ejemplo real: el iShares Core MSCI World ETF (ticker IWDA en Europa) utiliza replicación física completa. Compra acciones directamente de más de 1.500 empresas en 23 países desarrollados. Es uno de los ETFs más populares del mundo, con más de 90.000 millones de dólares bajo gestión.

Replicación física con muestreo (optimización)

Para índices enormes, donde comprar absolutamente todas las acciones sería demasiado caro o complicado, algunos fondos utilizan lo que se llama replicación por muestreo o estratificada. En lugar de comprar todas las acciones del índice, el gestor compra una muestra representativa, es decir, un subconjunto de acciones que, en conjunto, se comporta de forma muy similar al índice completo.

Imagina que quieres hacer una paella para 100 personas y la receta original lleva 50 ingredientes distintos. En lugar de usar absolutamente todos, seleccionas los 20 ingredientes más representativos (el arroz, el azafrán, el pollo, las judías, el marisco...) que dan el sabor característico de la paella. No será exactamente igual que la receta con 50 ingredientes, pero se parecerá muchísimo, y te cuesta mucho menos trabajo.

El riesgo de este método es que el fondo puede desviarse ligeramente más del índice de lo que lo haría con replicación completa. Sin embargo, en la práctica, las desviaciones suelen ser mínimas y los fondos que utilizan muestreo suelen tener comisiones ligeramente más bajas porque cuesta menos gestionarlos.

Replicación sintética (vía swaps)

La replicación sintética es la más compleja de las tres y la que genera más debates. En este caso, el fondo no compra directamente las acciones del índice. En su lugar, compra una cesta de activos que no tienen nada que ver con el índice (suele ser un índice amplio muy líquido) y firma un contrato financiero llamado swap con un banco de inversión, que se compromete a pagar al fondo exactamente el rendimiento del índice que se quiere replicar.

Imagina que quieres apostar a que tu equipo de fútbol va a ganar la liga, pero no puedes comprar entradas para el estadio. Entonces encuentras a un amigo que dice: "Mira, te voy a pagar la diferencia entre lo que gane tu equipo y lo que gane el líder de la liga. Si tu equipo gana la liga, te pago el premio completo." Ese amigo es el banco de inversión, y el contrato que firmáis es el swap.

La ventaja de la replicación sintética es que puede ser más eficiente para índices difíciles de replicar físicamente (como algunos índices de mercados emergentes o índices muy específicos), y puede ofrecer ciertas ventajas fiscales. La desventaja es que introduce lo que se llama riesgo de contraparte: si el banco con el que el fondo ha firmado el swap quiebra, el fondo podría perder dinero. La regulación UCITS limita este riesgo al 10 % del valor del fondo, así que no es un riesgo menor, pero tampoco es insignificante.

Para la mayoría de inversores particulares, especialmente los que empiezan, lo más recomendable es optar por fondos de replicación física. Son más transparentes, más fáciles de entender y no tienen riesgo de contraparte. Solo cuando busques exposición a mercados muy específicos o nichos donde la replicación física no es viable, tendrás que considerar la opción sintética.

Método de réplica	¿Qué hace el fondo?	Ventaja principal	Riesgo principal
Física completa	Compra todas las acciones del índice	Máxima transparencia, sin riesgo de contraparte	Puede ser cara para índices muy grandes
Física con muestreo	Compra una muestra repre-	Más barata de gestionar, co-	Ligeras desviaciones

	sentativa del índice	misiones más bajas	respecto al índice
Sintética (vía swaps)	Compra otros activos + contrato con un banco	Eficiente para índices complejos	Riesgo de contraparte (quiebra del banco)

2.2 Tracking Difference Vs. Tracking Error

Dos de los conceptos que más confunden a los inversores principiantes son la tracking difference y el tracking error. No son lo mismo, aunque suene parecido, y es importante que entiendas la diferencia porque te ayudará a elegir el mejor ETF entre varios que replican el mismo índice.

Tracking Difference (TD): lo que realmente te importa

La tracking difference (diferencia de seguimiento) es, en palabras sencillas, la diferencia entre lo que ha ganado el índice y lo que ha ganado tu ETF en un periodo determinado, normalmente un año. Es el coste real total de invertir en ese ETF, expresado como un porcentaje.

Imagina que el S&P 500 ha subido un 10 % en un año. Si tu ETF del S&P 500 ha subido un 9,7 %, la tracking difference es de -0,3 %. Ese 0,3 % es lo que realmente te ha costado el fondo en ese año. Ese coste incluye la comisión del fondo (el TER), pero también otros factores como las comisiones de transacción, el impacto fiscal de los dividendos, los costes de almacenar los activos, etc.

Aquí viene algo interesante: la tracking difference puede ser positiva. Sí, has leído bien. Algunos ETFs obtienen un rendimiento ligeramente superior al de su índice de referencia. ¿Cómo es posible? Principalmente por dos motivos. Primero, por los ingresos del préstamo de valores (securities lending), que explicaremos en la sección 2.4: el fondo presta temporalmente sus acciones a terceros a cambio de una compensación, y esos ingresos reducen el coste neto del fondo. Segundo, por la optimización fiscal: algunos fondos utilizan técnicas para minimizar el impacto de los impuestos sobre los dividendos.

Ejemplo práctico: un ETF tiene un TER declarado del 0,20 % anual. Pero durante el año, gracias a los ingresos por préstamo de valores y a una gestión eficiente, su rendimiento real ha sido solo un 0,05 % inferior al del índice. Eso significa que su tracking difference es de -0,05 %, mucho mejor que lo que sugiere su comisión declarada. Ese es el número que te interesa mirar.

Tracking Error (TE): mide la consistencia

El tracking error (error de seguimiento) es algo diferente: mide qué tan consistente es la diferencia entre el rendimiento diario del ETF y el del índice. En términos más técnicos, es la desviación estándar de las diferencias diarias entre ambos rendimientos. ¿Qué significa esto en lenguaje normal? Significa que un tracking error alto indica que el ETF y el índice se comportan de forma diferente cada día (un día el ETF gana más, otro día gana menos), mientras que un tracking error bajo indica que el ETF sigue al índice de forma muy fiel, día sí, día también.

Para un inversor a largo plazo que va a mantener su inversión durante años, la tracking difference es mucho más importante que el tracking error. Lo que realmente te interesa es: al final del año, ¿cuánto dinero me ha costado realmente este fondo? La tracking difference te responde esa pregunta. El tracking error te dice si el camino ha sido estable o variable, pero a largo plazo lo que importa es el destino, no el camino.

Consejo práctico: cuando compares dos ETFs que replican el mismo índice, busca siempre aquel con la tracking difference histórica más baja (o incluso positiva). Ese será, probablemente, el que más rentabilidad neta te ofrezca a largo plazo. Puedes encontrar estos datos en las webs de las gestoras (iShares, Vanguard, etc.) o en plataformas especializadas como justETF.com o ETFdb.com.

2.3 Los Grandes Índices Del Mercado Mundial

Antes de invertir, necesitas conocer los principales índices de referencia porque serán los que tus fondos indexados y ETFs repliquen. Un índice no es más que una lista de empresas seleccionadas según ciertos criterios, ordenadas por su tamaño (capitalización bursátil) o por otros factores. Cada índice tiene sus propias reglas de inclusión y exclusión, y una empresa puede entrar o salir del índice periódicamente.

Índice	Qué incluye	N.º empresas	Rentab. 15 años (EUR)	Comentario
S&P 500	Las 500 mayores empresas de EE. UU.	~500	~12 % anual	El índice más seguido del mundo. Incluye Apple, Microsoft, Amazon, Nvidia, etc.
MSCI World	Empresas de 23 países desarrollados	~1.500	~8 % anual	El estándar global para inversiones diversificadas en países ricos.
FTSE All-World	Empresas de países desarrollados + emergentes	~4.000	~7,5 % anual	Cobertura prácticamente total del mercado mundial de renta variable.
MSCI Emerging Markets	Empresas de países emergentes (China, India, Brasil...)	~1.400	~5 % anual	Mayor riesgo pero mayor potencial de crecimiento.
MSCI Europe	Empresas de 15 países europeos	~450	~6,5 % anual	Exposición al mercado europeo sin

				incluir EE. UU.
IBEX 35	Las 35 mayores empresas de España	35	~3,8 % anual	Rentabilidad muy baja comparada con índices globales. Concentrado en pocos sectores.
Bloomberg Global Aggregate	Bonos gubernamentales y corporativos de todo el mundo	~24.000	~2,5 % anual	El índice de referencia para bonos globales. Menor riesgo que renta variable.

Nota importante: las rentabilidades históricas mostradas en la tabla son nominales y están expresadas en euros. La rentabilidad pasada no garantiza resultados futuros. Los números pueden variar ligeramente según la fuente y el periodo exacto de medición.

Para un inversor particular que empieza, los dos índices más relevantes son el MSCI World y el FTSE All-World. Con un solo ETF sobre cualquiera de estos dos índices, obtienes exposición instantánea a cientos o miles de empresas de todo el mundo. No necesitas comprar cinco o diez fondos diferentes para estar diversificado: con uno solo, ya lo estás.

2.4 Securities Lending (Préstamo De Valores): Ingresos Ocultos Que Mejoran Tu Rendimiento

Existe una práctica que la mayoría de los inversores principiantes desconocen pero que afecta directamente a la rentabilidad de sus ETFs: el préstamo de valores, también conocido por su nombre en inglés, securities lending. La mayoría de los grandes ETFs lo practican, y es una fuente de ingresos adicional que puede mejorar el rendimiento neto del fondo.

¿En qué consiste? Cuando un fondo de inversión o un ETF posee acciones de empresas, esas acciones están ahí, guardadas, sin hacer gran cosa mientras el mercado no se mueve. Algunos inversores profesionales (fondos de cobertura, creadores de mercado, etc.) necesitan prestar esas acciones temporalmente para sus operaciones. ¿Por qué? Principalmente para hacer ventas en corto (apostar a que una acción va a bajar) o para cubrir otras posiciones. Es una práctica perfectamente legal y regulada.

El fondo presta temporalmente sus acciones a estos inversores a cambio de una compensación, que suele consistir en una comisión (una fracción pequeña del valor de las acciones prestadas) más una garantía en efectivo o en otros valores de alta calidad. Esa compensación se reinvierte en el fondo, con lo que beneficia a todos los partícipes. Es como si tu vecino te pidiera prestada la taladradora que no estás usando y te pagara un euro por el favor. Tú no pierdes nada (recuperas la taladradora cuando quieras) y ganas un euro extra.

¿Cuánto dinero genera esto? Depende del ETF y de las condiciones del mercado, pero puede representar entre un 0,02 % y un 0,15 % adicional anual. En el caso de un ETF grande como el iShares Core MSCI World (IWDA), los ingresos por préstamo de valores pueden compensar una parte significativa de la comisión del fondo, haciendo que la tracking difference sea menor que el TER declarado.

¿Hay riesgos? Sí, aunque la regulación UCITS limita los riesgos del préstamo de valores. La principal preocupación es que el prestatario (el que recibe las acciones prestadas) no las devuelva. Por eso, los fondos exigen una garantía que suele ser superior al valor de las acciones prestadas (normalmente un 105 % o más). Además, la gestora puede pedir la devolución de las acciones en cualquier momento. En la práctica, las pérdidas por préstamo de valores en fondos UCITS son extremadamente raras.

CAPÍTULO 3: VENTAJAS REALES, RIESGOS REALES Y MITOS

Este capítulo es fundamental. Aquí vamos a hablar con total transparencia de las verdaderas ventajas de la inversión pasiva, pero también de los riesgos reales que nobody te cuenta en los anuncios publicitarios. La inversión pasiva es una excelente herramienta, pero no es perfecta ni es una varita mágica. Cuanto antes entiendas sus limitaciones, mejor inversor serás.

3.1 El Impacto Real De Las Comisiones (Con Cálculo Corregido)

Si hay un número que todo inversor debe entender a fondo, es el efecto devastador que las comisiones tienen sobre su cartera a largo plazo. No estamos hablando de una diferencia pequeña: con el paso de las décadas, la diferencia entre pagar comisiones altas y comisiones bajas puede traducirse en cientos de miles de euros. Y lo peor es que la mayoría de la gente no es consciente de ello.

Vamos a hacer un cálculo paso a paso, corregido y verificado. Imagina que tienes 100.000 euros para invertir y los pones en una inversión que te da un rendimiento bruto del 7 % anual. Vamos a comparar tres escenarios: uno sin comisiones, otro con una comisión baja típica de un fondo indexado (0,20 % anual) y otro con una comisión alta típica de un fondo activo (1,80 % anual). Y vamos a ver qué pasa después de 30 años.

El cálculo es simple pero el resultado es impactante. Utilizamos la fórmula del interés compuesto: Capital final = Capital inicial x (1 + rentabilidad neta) elevado a los años. Donde la rentabilidad neta es la rentabilidad bruta menos la comisión.

Comisión anual	Rentabilidad neta	Capital tras 10 años	Capital tras 20 años	Capital tras 30 años
0 % (sin comisiones)	7,00 %	196.715 euros	386.968 euros	761.225 euros
0,20 % (fondo indexado)	6,80 %	189.871 euros	360.516 euros	684.573 euros
1,80 % (fondo activo)	5,20 %	166.368 euros	276.808 euros	460.393 euros
2,50 % (fondo activo caro)	4,50 %	155.297 euros	241.172 euros	374.532 euros

Fíjate en los números: después de 30 años, el fondo con comisión del 0,20 % te ha dado 684.573 euros, mientras que el fondo con comisión del 1,80 % te ha dado solo 460.393 euros. La diferencia es de más de 224.000 euros. Dinero que se ha ido directamente en comisiones a la gestora del fondo activo. Y si la comisión es aún mayor (2,50 %), la diferencia supera los 310.000 euros. Todo eso por el simple hecho de elegir un fondo más caro.

Piénsalo así: si tuvieras que elegir entre dos fondos que hacen exactamente lo mismo, pero uno cobra 0,20 % y otro cobra 1,80 %, la elección no requiere ni un segundo de reflexión. Y si a eso le sumamos que, como veremos en la siguiente sección, los fondos activos además tienen más probabilidades de rendir menos que el índice que pretenden superar, la decisión es aún más clara.

3.2 Comparativa Definitiva: Gestión Activa Vs. Inversión Pasiva

Este es, probablemente, el dato más importante de todo el libro. El informe SPIVA (S&P Indices Versus Active), que publica S&P Dow Jones Indices cada seis meses, analiza sistemáticamente el rendimiento de miles de fondos de gestión activa en todo el mundo y los compara con sus respectivos índices de referencia. Y los resultados son aplastantes y consistentes año tras año.

En España, en los últimos 15 años, más del 93 % de los fondos de renta variable activos domiciliados obtuvieron peores resultados que su índice de referencia. Eso significa que, si hubieras elegido un fondo activo al azar hace quince años, tendrías más de un 93 % de probabilidades de haber obtenido un peor resultado que si simplemente hubieras invertido en un fondo indexado que replicara el mismo índice.

Los resultados son similares en otras regiones: en Europa, más del 85 % de los fondos activos son batidos por su índice a 15 años. En EE. UU., la cifra ronda el 87 %. Y estos porcentajes son incluso peores en categorías de fondos específicos, como los de renta variable europea (donde más del 95 % fracasan) o los de bonos internacionales.

¿Por qué ocurre esto? Es una pregunta que muchos inversores se hacen, y la respuesta tiene varias vertientes. En primer lugar, las comisiones: como hemos visto en la sección anterior, una comisión del 1,5 % o 2 % anual es una carga enorme que el gestor activo tiene que superar antes de que el inversor empiece a ganar algo. En segundo lugar, los costes de transacción: los fondos activos compran y venden acciones constantemente, y cada operación tiene un coste (comisiones de corretaje, impacto en el mercado, spread bid-ask). En tercer lugar, el efecto del tamaño: muchos fondos activos que tienen éxito atraen tanto dinero que se vuelven enormes, y es mucho más difícil mover sumas gigantescas de dinero sin que eso mismo afecte al precio de las acciones. Y finalmente, la pura estadística: por definición, el resultado medio de todos los inversores activos es el rendimiento del mercado, y después de descontar todos los costes, el resultado medio es inferior al mercado. Es simple aritmética.

Esto no significa que no existan gestores brillantes que superen al mercado de forma consistente. Los hay, pero son rarísimos, y es prácticamente imposible identificarlos de antemano. Los fondos que han batido al mercado en los últimos diez años no tienen por qué hacerlo en los próximos diez. De hecho, la persistencia del rendimiento en fondos activos es extremadamente baja: los fondos que están en el cuartil superior (los mejores 25 %) en un periodo rara vez se mantienen ahí en el siguiente.

Categoría de fondo activo	% batidos por su índice a 15 años
Renta variable España	93,4 %
Renta variable Europa	95,1 %
Renta variable global	87,3 %
Renta variable EE. UU. (large cap)	87,7 %
Bonos globales	82,6 %
Bonos europ. grado inversión	78,9 %
Renta variable emergentes	89,4 %

3.3 Riesgos Que No Puedes Ignorar

La inversión pasiva tiene muchos beneficios, pero también tiene riesgos reales que debes conocer antes de poner un solo euro. Nada en este libro debe interpretarse como una garantía de que vas a ganar dinero. Invertir en bolsa conlleva riesgos, y quien te diga lo contrario te está mintiendo.

Riesgo de mercado

Este es el riesgo más evidente y el más importante: si el mercado cae, tu fondo cae con él. Sin excepciones, sin matices. Los fondos indexados no protegen contra las caídas del mercado porque su objetivo es replicar el mercado, no superarlo ni evitar las bajadas. El S&P 500 perdió un 57 % entre octubre de 2007 y marzo de 2009 durante la crisis financiera global. El MSCI World perdió un 53 % en el mismo periodo. Eso significa que, si tenías 100.000 euros invertidos, durante unos meses tu cartera valió menos de 50.000 euros.

Es importante entender esto porque muchos inversores principiantes creen que invertir en fondos indexados es "seguro". No lo es. Lo que es seguro es que, a largo plazo, los mercados tienden a subir (el S&P 500 nunca ha perdido dinero en cualquier periodo de 20 años), pero el camino está lleno de caídas, corrections y crisis. La pregunta no es si habrá caídas, sino cuándo y cuánto durarán. La clave es no vender en pánico cuando el mercado cae, algo que es mucho más fácil decir que hacer. La mejor forma de mitigar este riesgo es tener un horizonte temporal largo (al menos 10 años) y no invertir dinero que puedas necesitar a corto plazo.

Riesgo de liquidez en ETFs especializados

Los ETFs sobre índices grandes y populares (S&P 500, MSCI World) son extraordinariamente líquidos. Hay miles de inversores comprando y vendiendo cada segundo, lo que significa que siempre encontrarás alguien al otro lado de tu operación. Pero los ETFs temáticos o sobre mercados muy específicos pueden tener spreads amplios y volúmenes de trading bajos, lo que significa que comprar o vender puede ser caro o difícil.

Imagina que quieres vender una casa en una gran ciudad: hay miles de compradores y vendedores, y encontrar un comprador es relativamente fácil. Pero si quieres vender una casa en un pueblo perdido en la montaña, puede tardar meses y quizá tengas que aceptar un precio más bajo del que te gustaría. Con los ETFs pasa lo mismo: los populares son como las casas en la ciudad, y los especializados son como las casas en el pueblo.

Riesgo de concentración del índice

Un índice que parece muy diversificado puede estar, en realidad, mucho más concentrado de lo que piensas. A mediados de 2024, las siete mayores empresas del S&P 500 (Apple, Microsoft, Nvidia, Alphabet, Amazon, Meta y Tesla), conocidas como las Magnificent Seven, representaban más del 30 % del índice. Eso significa que, si inviertes en un ETF del S&P 500, casi un tercio de tu dinero está en solo siete empresas, todas ellas americanas y todas del sector tecnológico.

Si el sector tecnológico sufre una corrección importante (algo que ha ocurrido en 2000 con la burbuja de las puntocom, y que puede volver a ocurrir), tu "fondo diversificado" sufrirá mucho más de lo que esperas. Es un riesgo silencioso del que muchos inversores no son conscientes. Más adelante, en el Capítulo 7, veremos cómo mitigar este riesgo.

3.4 Advertencia Crítica: Etfs Apalancados E Inversos

Esta advertencia es tan importante que merece una sección completa. Existe un tipo de producto que a veces se confunde con los ETFs normales pero que es completamente diferente y enormemente más peligroso: los ETFs apalancados e inversos (también llamados LETFs o leveraged ETFs).

Un ETF apalancado no se limita a replicar el rendimiento de un índice: intenta multiplicarlo por dos o por tres cada día. Por ejemplo, un ETF 3x S&P 500 sube un 3 % si el S&P 500 sube un 1 % en ese día. Y un ETF inverso (-1x) hace lo contrario: sube un 1 % si el S&P 500 baja un 1 %.

Suena tentador, ¿verdad? Si el mercado sube, ganas el triple. Pero hay un problema matemático enorme: el efecto de recomposición diaria. Estos ETFs resetean su apalancamiento cada día. Y a lo largo de semanas o meses, ese reseteo diario causa un efecto destructivo que hace que el rendimiento acumulado del ETF diverja enormemente del rendimiento acumulado del índice.

Ejemplo real: entre enero de 2009 y diciembre de 2018, el S&P 500 subió aproximadamente un 190 %. Un ETF apalancado 3x S&P 500 (que debería haber subido un 570 % si el apalancamiento funcionara perfectamente) en realidad subió solo alrededor de un 330 %. Y en periodos volátiles, la diferencia es aún peor. En el año 2018, el S&P 500 bajó un 6,2 %. Un ETF 3x inverso (-3x) del S&P 500, que debería haber subido un 18,6 %, en realidad perdió un 25 %. Sí, perdió dinero a pesar de que el índice bajó.

La conclusión es clara: los ETFs apalancados e inversos son instrumentos especulativos diseñados para operadores intradía (que compran y venden en el mismo día) y no son adecuados bajo ninguna circunstancia para inversores a largo plazo. Nunca, jamás, uses un ETF apalancado o inverso como parte de una estrategia de inversión a largo plazo.

3.5 Los 5 Mitos Que Frenan A Los Inversores

Mito 1: "Los ETFs son peligrosos porque cotizan en tiempo real"

Algunas personas creen que, porque un ETF cotiza en bolsa y su precio cambia cada segundo, es más arriesgado que un fondo indexado tradicional. Esto es falso. La cotización en tiempo real es una característica, no un defecto. Si el ETF replica el mismo índice que un fondo indexado, el riesgo es exactamente el mismo. El inversor a largo plazo no necesita mirar el precio cada hora, ni cada día, ni siquiera cada mes. Puedes comprar tu ETF y no volver a mirarlo durante años. La liquidez adicional que da la cotización en bolsa es, si acaso, una ventaja, no un inconveniente.

Mito 2: "Conformarse con el mercado es conformarse con lo mediocre"

Este mito invierte la realidad de forma completa. El S&P 500 ha multiplicado por más de 50 el dinero invertido en los últimos 40 años. Repetimos: por más de 50. Si hubieras invertido 1.000 euros en 1984, hoy tendrías más de 50.000 euros, solo por haber seguido el mercado. Eso no es mediocridad, es una rentabilidad extraordinaria. Y recuerda: el 93 % de los gestores activos, con todos sus analistas, sus modelos informáticos y sus salarios millonarios, no consiguen superarlo. Ser el mercado no es mediocre. Ser el mercado es ganarle a la inmensa mayoría de los profesionales.

Mito 3: "Ahora no es buen momento para invertir"

El "buen momento" nunca llega. Los estudios académicos

demuestran de forma consistente que invertir sistemáticamente una cantidad fija cada mes (lo que se llama Dollar-Cost Averaging, que explicaremos en el Capítulo 5) produce resultados muy superiores a intentar adivinar cuándo es el mejor momento para entrar. De hecho, un famoso estudio demostró que el peor momento histórico para haber empezado a invertir en el S&P 500 en los últimos 40 años fue justo antes de las mayores caídas (1987, 2000, 2008). Y aun así, los inversores que siguieron invirtiendo cada mes sin vender acabaron ganando mucho dinero a largo plazo. El mejor momento para invertir fue hace 20 años. El segundo mejor momento es ahora.

Mito 4: "La inversión pasiva no ofrece buenos resultados"

Históricamente, replicar el S&P 500 habría convertido 10.000 euros en más de 220.000 euros entre 1990 y 2023 con reinversión de dividendos. Eso es más de un 2.100 % de rentabilidad acumulada, o aproximadamente un 10,2 % nominal anual. Si eso no son "buenos resultados", no sabemos qué lo es. Son mejores que los del 93 % de los fondos activos y mejores que la inmensa mayoría de inversiones alternativas (inmuebles, oro, bonos, depósitos bancarios).

Mito 5: "En tiempos de crisis, los ETFs son peores"

En 2008-2009, durante la crisis financiera global, todos los vehículos de inversión cayeron. Pero los fondos activos no protegieron mejor a sus inversores: según datos de Morningstar, el 90 % de los fondos activos cayeron más que su índice de referencia durante la crisis. La gestión activa no es un escudo contra los mercados bajistas. La mejor protección contra una crisis es no vender, tener un horizonte largo y una cartera diversificada con un porcentaje de bonos adecuado a tu edad y tolerancia al riesgo.

CAPÍTULO 4: CONSTRUCCIÓN DE CARTERAS DIVERSIFICADAS

Ya sabes qué son los fondos indexados y los ETFs, cómo funcionan y qué riesgos tienen. Ahora llega la pregunta del millón: ¿cómo combinas estos productos para construir una cartera de inversión que se adapte a tu situación personal? Este capítulo te enseña los principios fundamentales de la diversificación, las clases de activos disponibles y cómo asignar tu dinero según tu perfil de riesgo.

4.1 Principios De Diversificación

Harry Markowitz, un economista estadounidense, recibió el Premio Nobel de Economía en 1990 por demostrar matemáticamente algo que el sentido común ya intuía desde hacía siglos: no pongas todos los huevos en la misma cesta. Markowitz demostró que, combinando activos que no se comportan de la misma manera al mismo tiempo, puedes reducir el riesgo total de tu cartera sin sacrificar rentabilidad. Es el famoso "almuerzo gratis" de las finanzas: reducir riesgo sin renunciar a ganancias.

La diversificación opera en varios niveles, y es importante entenderlos todos para construir una cartera realmente robusta:

- Diversificación empresarial: no concentrar todo tu capital en unas pocas acciones. Si solo inviertes en una empresa y esa empresa quiebra, pierdes todo. Si inviertes en 1.500 empresas (como en un ETF del MSCI World), la quiebra de una sola empresa apenas te afecta. En una cartera diversificada, las malas noticias de una empresa se compensan con las buenas noticias de otras.
- Diversificación sectorial: no apostar por un solo sector econó-

mico. En el año 2000, mucha gente tenía todo su dinero en empresas de tecnología. Cuando estalló la burbuja de las puntocom, perdieron hasta un 80 % de su patrimonio. En 2008, lo mismo pasó con el sector financiero. Una cartera diversificada tiene exposición a tecnología, salud, finanzas, energía, consumo, industria y muchos más sectores.
- Diversificación geográfica: no limitar tu inversión a un solo país. España representa menos del 1 % de la capitalización bursátil mundial. El IBEX 35 ha ofrecido una rentabilidad media anual de apenas un 3,8 % en los últimos 20 años, muy inferior a la de índices globales. Invertir solo en España es apostar a la economía de un país pequeño frente a la del mundo entero.
- Diversificación de clases de activo: combinar acciones (renta variable) y bonos (renta fija), y opcionalmente activos alternativos como inmuebles (REITs), materias primas o gold. Las acciones y los bonos tienden a comportarse de forma diferente: cuando las acciones caen, los bonos suelen subir (o caer menos), y viceversa. Esto suaviza las oscilaciones de tu cartera.

La buena noticia es que, con solo dos o tres fondos indexados, puedes conseguir un nivel de diversificación que habría sido imposible para un inversor particular hace apenas unos decenios. Un solo ETF del MSCI World te da exposición a más de 1.500 empresas de 23 países y todos los sectores económicos principales. Añadir un ETF de bonos globales completa la diversificación con la clase de activo defensiva por excelencia.

4.2 Clases De Activos Y Asignación Por Perfil

Las clases de activo son las grandes categorías en las que se agrupan las inversiones según sus características de riesgo y rentabilidad. Las dos clases principales son la renta variable (acciones) y la renta fija (bonos). Dentro de cada una hay múltiples subcategorías, pero para construir una cartera básica solo necesitas entender las diferencias fundamentales entre ellas.

La renta variable (acciones) es la parte de tu cartera que crece a largo plazo. Las acciones representan un trozo de propiedad de una empresa. Si la empresa va bien, gana dinero y su valor sube. A largo plazo, las acciones son la clase de activo más rentable, pero también la más volátil: en un mal año pueden caer un 30 %, un 40 % o incluso más. Tienen una rentabilidad histórica media de entre un 7 % y un 10 % anual (en euros).

La renta fija (bonos) es la parte defensiva de tu cartera. Un bono es, en esencia, un préstamo que tú le haces a un gobierno o a una empresa. A cambio, te pagan un interés periódico (el cupón) y, al final del plazo, te devuelven el capital. Son menos rentables que las acciones pero mucho menos volátiles. En un año malo de bolsa, los bonos suelen caer mucho menos o incluso subir. Su rentabilidad histórica media está entre un 2 % y un 5 % anual, dependiendo del tipo de bono.

Clase de activo	Riesgo	Rentabilidad media anual	¿Para qué sirve en tu cartera?
Renta variable global	Alto	7 % - 10 %	Motor de crecimiento a largo plazo
Renta variable emergentes	Muy alto	5 % - 8 %	Diversificación geográfica y potencial de crecimiento
Bonos gubernamentales	Bajo	2 % - 4 %	Estabilidad y protección contra caídas de bolsa
Bonos corporativos	Bajo-medio	3 % - 5 %	Mayor rentabilidad que goviernos con riesgo moderado
REITs (inmue-	Medio-	6 % - 8 %	Diversificación

bles)	alto		away de bolsa tradicional
Efectivo / fondos monetarios	Muy bajo	0 % - 2 %	Liquidez inmediata y fondo de emergencia

La asignación de activos, es decir, qué porcentaje de tu dinero pones en cada clase, es la decisión más importante que tomarás como inversor. Depende fundamentalmente de dos factores: tu horizonte temporal (cuántos años puedes dejar el dinero invertido sin necesitarlo) y tu tolerancia al riesgo (cuánto te duele ver tu cartera caer en un día malo de bolsa).

Perfil de inversor	Edad típica	Acciones (%)	Bonos (%)	Riesgo máximo estimado	Rentabilidad esperada
Agresivo	20-40 años	90-100 %	0-10 %	-40 % a -50 %	8-10 % anual
Moderado	40-55 años	60-80 %	20-40 %	-25 % a -35 %	6-7,5 % anual
Conservador	55+ años / jubilado	30-50 %	50-70 %	-10 % a -18 %	3-5 % anual

Estas asignaciones son orientativas. La edad es solo un indicador aproximado; lo verdaderamente determinante es tu situación personal. Un joven de 25 años que va a necesitar el dinero en 2 años para comprarse una casa debería tener una cartera muy conservadora, con mayoría de bonos. Una persona de 60 años con buena salud y que no va a necesitar el dinero durante 20 años podría tener una cartera más agresiva de lo que sugiere su edad.

4.3 Cobertura De Divisas (Hedged Vs. Unhedged)

Cuando inviertes en un ETF global como el MSCI World, las empresas que lo componen están repartidas por todo el mundo. Apple cotiza en dólares americanos, Samsung cotiza en wones surcoreanos, Nestlé cotiza en francos suizos, Toyota cotiza en yenes japoneses. Pero tú compras tu ETF en euros y recibes tu rentabilidad en euros. Esto significa que, además del rendimiento de las acciones, tu inversión está expuesta a las fluctuaciones de las divisas.

Imagina que compras un ETF que invierte en empresas americanas. Si las acciones americanas suben un 10 % pero el dólar se deprecia un 5 % respecto al euro, tu rentabilidad en euros será aproximadamente un 5 % (10 % - 5 %). El efecto divisa ha "comido" la mitad de tu ganancia. A la inversa, si el dólar se aprecia un 5 %, tu rentabilidad en euros sería aproximadamente un 15 % (10 % + 5 %).

Los ETFs sin cobertura de divisa (unhedged) son la opción mayoritaria para inversores a largo plazo. No hacen nada especial respecto a las divisas: si el dólar sube frente al euro, ganas más; si baja, ganas menos. La evidencia histórica sugiere que, a muy largo plazo (más de 15-20 años), las fluctuaciones de divisas tienden a neutralizarse entre sí, así que su impacto neto es reducido. Los ETFs más populares (IWDA, VWCE) son unhedged.

Los ETFs con cobertura de divisa (hedged) utilizan contratos de divisas a plazo (llamados forwards) para neutralizar el efecto de las fluctuaciones cambiarias. Si el dólar sube o baja, tu rentabilidad en euros será la misma que la rentabilidad en la divisa original. Eso reduce la volatilidad, pero la cobertura tiene un coste (normalmente entre un 0,10 % y un 0,30 % adicional anual) y a largo plazo puede reducir tu rentabilidad total.

Opción	Características	Adecuado para
ETF unhedged (sin cobertura)	Rentabilidad afectada por cambios de divisa. Mayor volati-	Inversores con horizonte largo (+10 años) que aceptan

	lidad a corto plazo. Sin coste adicional de cobertura.	volatilidad divisa. Opción recomendada por defecto.
ETF hedged (con cobertura)	Rentabilidad aislada de cambios de divisa. Menor volatilidad a corto plazo. Coste de cobertura añadido.	Inversores con horizonte corto (<5 años) o muy aversos al riesgo divisa.

4.4 Sesgo Doméstico: El Error Que Cuesta Dinero

El sesgo doméstico (home bias) es una de las tendencias más extendidas y más perjudiciales entre los inversores particulares. Consiste en invertir de forma desproporcionada en empresas de tu propio país, simplemente porque te resultan más familiares. Si eres español, es tentador comprar empresas españolas porque las conoces, porque lees noticias sobre ellas, porque consumes sus productos. Pero esa es exactamente la razón por la que no deberías sobrepesarte en ellas.

España representa menos del 1 % de la capitalización bursátil mundial. El IBEX 35, que agrupa las 35 empresas más grandes de España, tiene un problema de diversificación grave: está muy concentrado en pocos sectores (bancos, energía, telecomunicaciones) y en pocas empresas. Los cinco mayores valores del IBEX pueden representar más del 50 % del índice. Y su rentabilidad histórica ha sido decepcionante: un 3,8 % anual en los últimos 20 años, muy por debajo del MSCI World (8 % anual) o el S&P 500 (10 % anual en euros).

La solución es simple: un solo ETF sobre el MSCI World o el FTSE All-World te da exposición instantánea a más de 1.500-4.000 empresas de todo el planeta, repartidas en decenas de sectores y decenas de países. No necesitas añadir exposición española porque esos índices ya incluyen las grandes empresas españolas que cotizan en mercados internacionales. Si quieres algo de exposición adicional a España, que no supere el 5-10 % de tu cartera. Pero la base debe ser global.

CAPÍTULO 5: ESTRATEGIAS DE INVERSIÓN PASIVA

Una vez que tienes claro qué vas a comprar (fondos indexados y ETFs), necesitas saber cómo y cuándo. ¿Inviertes todo de golpe o poco a poco? ¿Qué haces cuando el mercado cae? ¿Vendes alguna vez? En este capítulo vamos a explicar las tres estrategias fundamentales de la inversión pasiva: Dollar-Cost Averaging, Buy & Hold y la automatización. Son estrategias sencillas, casi aburridas, pero funcionan.

5.1 Dollar-Cost Averaging (Dca): La Estrategia Del Inversor Tranquilo

El Dollar-Cost Averaging (DCA), que en español podríamos traducir como "promediación del coste en dólares", es probablemente la mejor estrategia para la inmensa mayoría de inversores particulares. Su nombre suena complicado, pero su funcionamiento es ridículamente simple: inviertes una cantidad fija de dinero de forma periódica, sin importar si el mercado está alto o bajo, si hay crisis, si hay euforia, si las noticias son buenas o malas. Tú simplemente inviertes tus 300 euros el día 1 de cada mes, o el día 15, o el día que cobras. Punto. Sin más.

¿Por qué funciona? Imagina que compras manzanas. Si un mes las manzanas cuestan 1 euro la docena y compras 300 euros, te llevas 300 docenas. Al mes siguiente, hay una malas cosechas y las manzanas suben a 2 euros la docena. Con tus 300 euros solo puedes comprar 150 docenas. Al mes siguiente, hay una cosecha abundante y las manzanas bajan a 0,50 euros la docena. Ahora con tus 300 euros te llevas 600 docenas. ¿Cuál ha sido el precio medio que has pagado? Mucho menos de 1 euro, gracias a que compraste más cuando el precio era bajo.

Con las participaciones de un ETF ocurre exactamente lo mismo. Cuando el mercado cae, tus 300 euros compran más participaciones. Cuando sube, compran menos. A lo largo del tiempo, tu precio medio de compra tiende a ser más bajo que el precio medio del mercado durante ese periodo. Es una forma automática de "comprar barato" sin tener que adivinar cuándo es el momento adecuado.

Además, el DCA tiene un beneficio psicológico enorme: te protege a ti, tu peor enemigo como inversor. La tentación de "esperar a que baje" para invertir, o de "invertir todo ahora porque está subiendo", es la causa de más errores de inversión que cualquier otra cosa. Con el DCA, eliminates esa tentación porque tu estrategia está predefinida: inviertes tus 300 euros el día X de cada mes, sin importar nada más.

Mes	Precio del ETF	Participaciones compradas con 500 euros
Enero	100 euros	5,00
Febrero	90 euros	5,56
Marzo	95 euros	5,26
Abril	80 euros	6,25
Mayo	85 euros	5,88
Junio	112 euros	4,46
TOTAL		32,41

En este ejemplo, has invertido un total de 3.000 euros y tienes 32,41 participaciones. El precio medio de compra ha sido de 92,6 euros (3.000 / 32,41), aunque el precio medio del mercado durante esos seis meses fue de 93,7 euros. Has comprado por debajo del precio medio simplemente por haber invertido siempre la misma cantidad, independientemente del precio. Al final del sexto mes, con el ETF a 112 euros, tu cartera vale 3.630 euros, una ganancia del 21 %. Si hubieras invertido todo en enero a 100 euros, tendrías

30 participaciones que valdrían 3.360 euros. El DCA te ha dado 270 euros más de beneficio.

5.2 Buy & Hold: Rentabilidad Nominal Vs. Real

El Buy & Hold (compra y mantén) es la estrategia pasiva por excelencia y es la que complementa al DCA. Una vez que has comprado tus participaciones de ETFs, te sientas y no haces nada. No vendes cuando el mercado cae. No compras más cuando sube. Simplemente mantienes tu inversión a largo plazo y dejas que el interés compuesto haga su magia.

Es importante que entiendas la diferencia entre rentabilidad nominal y rentabilidad real porque afecta directamente a cuánto poder adquisitivo tendrás realmente en el futuro. La rentabilidad nominal es el porcentaje que gana tu inversión sin tener en cuenta la inflación. La rentabilidad real es lo que realmente ganas en capacidad de compra después de descontar la inflación.

Un ejemplo: si tu cartera gana un 8 % nominal en un año y la inflación ese año ha sido del 3 %, tu rentabilidad real ha sido aproximadamente un 5 %. Eso significa que, aunque tu cuenta muestre un 8 % más de dinero, lo que puedes comprar con ese dinero solo ha aumentado un 5 %. A largo plazo, la inflación media en la zona euro ha rondado el 2 % anual, así que la rentabilidad real de una cartera diversificada en acciones suele estar entre un 5 % y un 7 % anual. Eso sigue siendo muy superior a lo que ofrece cualquier cuenta de ahorro o depósito bancario.

La ventaja del Buy & Hold frente a la compra-venta activa es enorme. Los estudios demuestran que los inversores que operan con más frecuencia obtienen peores resultados, no solo por las comisiones de cada operación, sino porque tienden a vender en los peores momentos (cuando hay pánico) y comprar en los peores momentos (cuando hay euforia). El Buy & Hold te protege de ti mismo.

5.3 Automatización: El Sistema Que Trabaja Mien-

tras Tú Duermes

La mayoría de las plataformas de inversión modernas permiten configurar aportaciones automáticas mensuales. Configuras el día que cobras, eliges el ETF que quieres comprar y la cantidad, y el sistema hace todo automáticamente. Tú no tienes que acordarte, no tienes que entrar en la app, no tienes que decidir nada. El día que cobras, el sistema compra tus participaciones y punto.

La automatización no es solo una comodidad: es una protección contra el mayor enemigo del inversor particular, que, según numerosos estudios, es el propio inversor. Las décadas de investigación en finanzas conductuales demuestran que los inversores que gestionan activamente sus carteras obtienen sistemáticamente peores resultados que los que automatizan sus inversiones. ¿Por qué? Porque la gestión activa lleva a comprar y vender en los peores momentos, impulsados por el miedo y la codicia.

Plataformas como Trade Republic, MyInvestor y la mayoría de robo-advisors permiten configurar aportaciones automáticas de forma muy sencilla. Algunos brókers como DEGIRO o Interactive Brokers no lo permiten de forma nativa, pero puedes automatizar el proceso mediante transferencias programadas desde tu banco. Lo importante es que tu sistema funcione de forma autónoma, sin que tengas que tomar decisiones cada mes.

Si puedes, te recomendamos invertir el mismo día que cobras tu nómina. Antes de que llegue el dinero a tu cuenta corriente y te tiente a gastarlo, ya está invertido. Es una forma de pagarle a tu "yo del futuro" antes que a tus caprichos del presente.

CAPÍTULO 6: CÓMO SELECCIONAR FONDOS Y ETFS

Llegamos a uno de los capítulos más prácticos del libro. Ya sabes qué son los fondos indexados y los ETFs, sabes cómo funcionan, conoces sus ventajas y riesgos, y tienes una idea de cómo construir una cartera. Ahora vamos a bajar al detalle: ¿cómo eliges, entre los miles de ETFs disponibles en Europa, el que más te conviene? ¿Qué métricas miras? ¿Qué errores evitas? Y, finalmente, ¿cómo haces tu primera compra real paso a paso?

6.1 Ter, Liquidez Y Tamaño Del Fondo

A la hora de seleccionar un ETF, hay tres factores que son mucho más importantes que cualquier otro: la comisión (TER), la liquidez y el tamaño del fondo. Vamos a explicar cada uno en detalle.

TER (Total Expense Ratio)

El TER, o Ratio de Gastos Totales, es la comisión anual que cobra el fondo por gestionar tu dinero. Se expresa como un porcentaje del valor de tu inversión y se descuenta automáticamente del valor de tus participaciones cada día. Es decir, no tienes que pagarla por separado: ya está incluida en el precio del ETF.

¿Cuánto es un TER razonable? Para ETFs sobre índices grandes y líquidos (S&P 500, MSCI World), un TER razonable está entre el 0,07 % y el 0,25 % anual. Por encima del 0,30 %, ya estás pagando de más por un producto que debería ser barato. Hay ETFs con TER del 0,07 % anual (como el Vanguard ESG Global All Cap o el Amundi Prime All Country World), lo que significa que por cada 10.000 euros invertidos, pagas solo 7 euros al año en comisiones. Eso es extraordinariamente barato comparado con los fondos activos, que cobran entre 150 y 250 euros al año por cada 10.000 euros invertidos.

Recuerda que el TER es el coste declarado, pero el coste real es la tracking difference (sección 2.2). Un ETF con TER del 0,20 % pero con tracking difference de -0,05 % es más barato en la práctica que un ETF con TER del 0,07 % pero con tracking difference de -0,15 %.

Activos bajo gestión (AUM) y liquidez

El AUM (Assets Under Management) es el total de dinero que los inversores tienen depositado en ese fondo. Es la mejor medida de la confianza que el mercado tiene en ese producto. Un ETF con un AUM alto es un ETF que mucha gente ha elegido, lo que sugiere que sus costes son competitivos, su réplica es fiable y su gestora es solvente.

Como regla general, busca ETFs con un AUM mínimo de 100 millones de euros. Por encima de 500 millones, excelente. Por encima de 1.000 millones, es un ETF consolidado que probablemente existirá durante muchos años. Los ETFs pequeños (menos de 50 millones) corren el riesgo de que la gestora los cierre si no son rentables, lo que te obligaría a vender tus participaciones y buscar una alternativa. No es un drama, pero es un inconveniente.

La liquidez del ETF, es decir, la facilidad con la que puedes comprar y vender participaciones sin mover el precio, está directamente relacionada con el AUM y con el volumen diario de trading. Los ETFs muy grandes (como IWDA, con más de 90.000 millones de dólares) tienen una liquidez extraordinaria: puedes comprar o vender millones de euros sin que el precio se mueva apreciablemente.

6.2 Bid-Ask Spread: El Coste Oculto Que Nadie Explica Bien

Cuando compras un ETF en bolsa, no pagas un único precio: hay dos precios simultáneos. El precio de compra (ask) es el precio al que puedes comprar el ETF, y el precio de venta (bid) es el precio al que puedes venderlo. La diferencia entre ambos se llama bid-ask spread, y es un coste real que pagas en cada operación, además de la comisión del bróker.

Imagina que vas a un mercado de pulgas y ves una lámpara que te gusta. El vendedor te dice: "Si la compras, te cuesta 75 euros. Si me la vendes a mí, te pago 74 euros." La diferencia de 1 euro es el spread. En este caso, el spread es de 1 euro sobre un precio de 75 euros, es decir, aproximadamente el 1,3 %. Ese es el coste implícito de la operación.

En los ETFs, el spread funciona igual. Si el IWDA cotiza con bid a 75,10 euros y ask a 75,20 euros, el spread es de 0,10 euros, es decir, el 0,13 % del precio. Si compras 10.000 euros, el coste del spread es de 13 euros. Si compras y vendes inmediatamente, ya has perdido 13 euros solo por el spread, sin contar las comisiones del bróker.

ETF	Spread típico	Coste por 10.000 euros	¿Es aceptable?
iShares MSCI World (IWDA)	0,05-0,08 %	5-8 euros	Excelente
Vanguard FTSE All-World (VWCE)	0,06-0,10 %	6-10 euros	Excelente
ETFs sobre S&P 500 populares	0,03-0,06 %	3-6 euros	Excelente
ETFs temáticos pequeños	0,20-0,50 %	20-50 euros	Cuidado
ETFs sobre mercados muy concretos	0,40-1,00 %	40-100 euros	Evitar si es posible

Para un inversor a largo plazo que invierte cada mes y rara vez vende, el spread es irrelevante. Si inviertes 300 euros al mes, un spread del 0,10 % te cuesta solo 0,30 euros. Ni siquiera el café de la mañana. Pero si operas con frecuencia, el spread se convierte en un coste significativo. Consejo: opera siempre en las horas centrales del día bursátil europeo (entre las 10:00 y las 16:00, hora de

Madrid), cuando la liquidez es máxima y los spreads son más estrechos. Evita operar en los minutos de apertura y cierre.

6.3 Nav Premium/Discount: ¿Estás Pagando De Más?

El NAV (Net Asset Value) es el valor real de los activos que posee el ETF, dividido entre el número de participaciones en circulación. Es el "precio justo" del ETF. El precio de mercado del ETF en bolsa puede ser ligeramente diferente al NAV: si el precio de mercado es superior al NAV, se dice que el ETF cotiza con premium (sobreprecio). Si es inferior, cotiza con discount (descuento).

Para los grandes ETFs UCITS sobre índices líquidos, la desviación habitual entre el precio de mercado y el NAV es inferior al 0,10 %, y es corregida continuamente por el mecanismo de creación y redención que explicamos en el Capítulo 1. Así que, en la práctica, para los ETFs que recomendamos en este libro (MSCI World, FTSE All-World, S&P 500), no necesitas preocuparte por el premium o discount. Es un factor relevante solo para ETFs muy pequeños o muy especializados.

6.4 Etfs Europeos Vs. Americanos: La Restricción Priips

Si buscas información sobre ETFs en internet, verás que la mayoría de los artículos y foros hablan de ETFs americanos como el SPY, el QQQ o el VOO. Pero si vives en España o en cualquier país de la Unión Europea, hay algo importante que debes saber: desde enero de 2018, la regulación europea PRIIPs prohíbe la venta de la mayoría de ETFs americanos a inversores minoristas europeos. No es que sean peores: es que no cumplen con los requisitos de información que la UE exige para vender productos a inversores no profesionales.

Esto significa que tu bróker europeo probablemente no te permitirá comprar ETFs americanos. Y aunque algunos brókers lo permitan (a través de cuentas "profesionales"), no es recomendable porque pierdes la protección UCITS. En su lugar, debes comprar los equivalentes UCITS, que son versiones europeas de los mismos productos. Replican los mismos índices, los gestionan las mismas empresas (BlackRock, Vanguard, State Street, etc.), pero están registrados en Europa y cumplen con la regulación europea.

ETF americano (no disponible para minoristas en UE)	Ticker	Equivalente UCITS europeo	Ticker europeo
SPDR S&P 500	SPY	iShares Core S&P 500 UCITS	CSPX / SXR8
Invesco QQQ Trust (Nasdaq-100)	QQQ	iShares Nasdaq 100 UCITS	CNDX / EQQQ
Vanguard Total Stock Market	VTI	Vanguard FTSE All-World UCITS	VWCE / VWRL
iShares MSCI EAFE	EFA	iShares Core MSCI World UCITS	IWDA / EUNL
Vanguard Emerging Markets	VWO	iShares Core MSCI EM UCITS	IEMB / EIMI

6.5 Cómo Leer Un Documento Kid Antes De Invertir

El KID (Key Information Document) es un documento de máximo dos páginas que toda gestora de ETFs UCITS debe publicar obligatoriamente. Antes de comprar cualquier ETF, deberías leer su KID. Está disponible en la web de la gestora (iShares.com, vanguard.co.uk, amundietf.com, etc.) y también en la web de tu bróker. Aquí te explicamos qué buscar en cada sección:

- Sección 1 - ¿Qué es este producto?: verifica que el índice que replica es realmente el que crees. A veces hay dos ETFs con nombres muy parecidos que replican índices diferentes (por ejemplo, "MSCI World" vs. "MSCI World ex USA"). Confirma también que la gestora es la correcta.
- Sección 2 - Riesgos y rendimiento potencial: presta atención al

indicador sintético de riesgo (una escala del 1 al 7). Un ETF del MSCI World suele estar en el 6 (riesgo alto). Un ETF de bonos globales suele estar en el 3 o 4. No inviertas en un producto cuyo nivel de riesgo no estés dispuesto a asumir.
- Sección 3 - ¿Qué ocurre si la empresa no puede pagar?: verifica que el fondo está regulado bajo UCITS y que los activos están custodiados de forma separada. Esto confirma tu protección en caso de quiebra.
- Sección 4 - Costes: busca el "Total de costes" anual, que incluye el TER más otros gastos. Compara este número, no solo el TER anunciado en publicidad.
- Sección 5 - Horizonte de inversión recomendado: los ETFs de renta variable suelen recomendar un mínimo de 5 años. Si necesitas el dinero antes, quizá no es el producto adecuado.

6.6 Comparativa De Gestoras Actualizada (2026)

En Europa, cinco grandes gestoras dominan el mercado de ETFs: BlackRock (iShares), Vanguard, Amundi, State Street (SPDR) e Invesco. Cada una tiene productos de alta calidad, y la competencia entre ellas ha sido muy beneficiosa para los inversores porque ha bajado las comisiones hasta niveles históricamente bajos.

Gestora	ETF estrella MSCI World	Ticker	TER	Réplica	AUM (aprox.)
BlackRock (iShares)	iShares Core MSCI World	IWDA (Acum) / IWRD (Dist)	0,20 %	Física completa	90.000 M USD
Vanguard	Vanguard FTSE All-World	VWCE (Acum) / VWRL (Dist)	0,22 %	Física completa	30.000 M USD
Amundi	Amundi Prime All Country World	WEBG	0,07 %	Física completa	6.500 M USD
SPDR	SPDR MSCI	SWRD	0,12	Física	4.200

			%	completa	M USD
Invesco	Invesco FTSE All-World	FWRA	0,15 %	Física completa	2.800 M USD

Nota: los datos de TER y AUM son aproximados y están sujetos a cambios. Verifica siempre en las webs oficiales de las gestoras antes de invertir. El Amundi Prime All Country World (WEBG) destaca por tener el TER más bajo del mercado (0,07 %) para un ETF global de acciones, lo que lo convierte en una opción extremadamente competitiva.

6.7 Guía Práctica: Brókers Y Primera Compra Paso A Paso

Para comprar un ETF necesitas una cuenta en un bróker online. Un bróker es simplemente un intermediario que ejecuta las operaciones de compra y venta en bolsa por ti. Elegir el bróker adecuado es importante porque las comisiones y condiciones varían significativamente de uno a otro.

Bróker	Comisión por operación	ETFs gratuitos/mes	Aportaciones automáticas	Nota
Trade Republic	1 euro por operación	1 ETF gratuito por mes (lista limitada)	Sí, configurables	Ideal para principiantes. App muy intuitiva.
MyInvestor	0 euros (fondos indexados)	Todos sus fondos indexados gratuitos	Sí, desde la app	Solo fondos indexados (no ETFs). Sin comisiones.
DEGIRO	Variable (0,50 euros +	Varios ETFs gratuitos en programa	Limitadas	Muy popular. Bajo coste para

	0,02 % - 0,05 %)	core		carteras grandes.
Interactive Brokers	Muy baja (0,12 % - 0,18 % mínimo)	No	Sí, muy potentes	Para inversores experimentados. Interfaz compleja.
Scalable Capital	0,99 euros por operación	Muchos ETFs gratuitos	Sí	Bueno si usas su servicio de robo-advisor.

Pasos para tu primera compra

- Paso 1 - Abre una cuenta en el bróker elegido: el proceso es online y tarda entre 10 y 15 minutos. Necesitarás tu DNI o NIE, tus datos bancarios (IBAN) y tendrás que responder a un cuestionario de experiencia financiera (es un trámite legal).
- Paso 2 - Transfiere el capital inicial desde tu banco: normalmente la transferencia tarda 1 o 2 días hábiles en estar disponible en tu cuenta del bróker.
- Paso 3 - Busca el ETF por su código ISIN o ticker: por ejemplo, el iShares Core MSCI World de acumulación tiene el ISIN IE00B4L5YC18 y el ticker IWDA. Verifica siempre que estás comprando la versión de acumulación (si quieres que los dividendos se reinviertan automáticamente) y no la de distribución.
- Paso 4 - Elige el tipo de orden: para un inversor a largo plazo, la orden "a mercado" (se ejecuta al precio actual) o la orden "limitada" (se ejecuta solo si el precio llega a un nivel que tú defines) son las más adecuadas. No uses órdenes complejas si no las entiendes.
- Paso 5 - Configura aportaciones automáticas si el bróker lo permite: Trade Republic, MyInvestor y muchos robo-advisors lo permiten de forma nativa. Es la forma más fácil de mantener la disciplina de inversión.

- Paso 6 - Guarda los justificantes de cada compra: necesitarás el precio de adquisición (precio de compra más comisiones) para calcular la plusvalía cuando vendas y poder hacer tu declaración de la renta correctamente.

CAPÍTULO 7: ETFS TEMÁTICOS Y SECTORIALES

Hasta ahora hemos hablado principalmente de ETFs amplios y diversificados, como el MSCI World o el FTSE All-World. Son la base recomendada de cualquier cartera. Pero existen otros tipos de ETFs que se enfocan en sectores específicos (tecnología, salud, energía) o en temas concretos (inteligencia artificial, energías renovables, ciberseguridad). Son los ETFs temáticos y sectoriales, y en este capítulo vamos a explicar cómo funcionan, qué riesgos tienen y cómo integrarlos en tu cartera si decides que quieres añadir un poco de "sabor" a tu inversión.

7.1 Tipos Y Tendencias

Los ETFs temáticos y sectoriales son el puente entre la inversión pasiva pura (replicar todo el mercado sin opinar sobre nada) y la inversión con convicción (apostar por sectores o tendencias concretas que crees que van a funcionar mejor que el mercado general). Su atractivo es evidente: si crees que la transición energética va a crear empresas enormemente valiosas en los próximos 20 años, puedes invertir en un ETF de energías renovables y beneficiarte de esa tendencia sin tener que elegir qué empresa concreta será la ganadora.

Los principales tipos de ETFs temáticos y sectoriales que puedes encontrar en Europa son los siguientes:

- ETFs sectoriales: invierten en un sector económico concreto. Los más comunes son tecnología, salud, finanzas, energía, consumo y materias primas. Un ejemplo es el iShares S&P 500 Information Technology Sector, que invierte solo en las empresas tecnológicas del S&P 500 (Apple, Microsoft, Nvidia,

etc.).
- ETFs de energías renovables y transición energética: invierten en empresas de energía solar, eólica, hidrógeno verde, vehículos eléctricos, baterías y otras tecnologías limpias. Ejemplo: iShares Global Clean Energy UCITS.
- ETFs de salud y biotecnología: invierten en empresas farmacéuticas, de biotecnología, de dispositivos médicos y de atención sanitaria. Ejemplo: iShares Healthcare Innovation UCITS.
- ETFs de inteligencia artificial y tecnología emergente: invierten en empresas relacionadas con la IA, el cloud computing, los semiconductores y otras tecnologías de vanguardia. Ejemplo: iShares Automation & Robotics UCITS.
- ETFs ESG (criterios ambientales, sociales y de gobernanza): invierten en empresas que cumplen ciertos criterios de sostenibilidad, aunque la definición de "sostenible" varía enormemente de un fondo a otro. Ejemplo: iShares ESG Aware MSCI USA UCITS.

Es importante entender que los ETFs temáticos son más volátiles y más arriesgados que los ETFs amplios. Un ETF del MSCI World reparte tu dinero entre más de 1.500 empresas de todos los sectores. Un ETF de tecnología puede tener solo 100-200 empresas, todas del mismo sector. Si el sector tecnológico sufre una corrección, tu ETF temático sufrirá mucho más que tu ETF global. Es la diferencia entre apostar a todos los caballos de la carrera y apostar solo a los de un establo.

7.2 Riesgos Específicos De Los Etfs Temáticos

Antes de invertir en ETFs temáticos, debes ser plenamente consciente de los riesgos adicionales que conllevan respecto a los ETFs de mercado amplio. No son riesgos teóricos: son riesgos que se han materializado repetidamente a lo largo de la historia.

- Concentración extrema: un ETF "global" de tecnología puede tener el 40-50 % de su patrimonio en solo cinco empresas (Apple, Microsoft, Nvidia, Alphabet, Amazon). Si una de ellas

cae un 30 %, tu ETF sufre mucho más de lo que te esperas de un fondo supuestamente "diversificado".
- Moda vs. tendencia estructural: algunos ETFs temáticos capturan tendencias reales a largo plazo (envejecimiento poblacional, transición energética). Otros capturan modas pasajeras que generan expectativas irrealistas. En los años 2020-2021, los ETFs de ARK Innovation cayeron más de un 70 % desde sus máximos porque las expectativas de crecimiento de las empresas tecnológicas "disruptivas" resultaron ser excesivamente optimistas.
- Comisiones más elevadas: la gestión de índices temáticos es más compleja y cuesta más que la gestión de un índice amplio. Los TER de los ETFs temáticos suelen estar entre el 0,40 % y el 0,75 % anual, frente al 0,07 %-0,22 % de los ETFs amplios. Es un coste permanente que pagas independientemente de si la temática funciona o no.
- Solapamiento con tu cartera principal: si ya tienes un ETF del S&P 500, Apple, Microsoft y Nvidia ya representan más del 15 % de tu cartera. Si añades un ETF de tecnología, estás duplicando esa exposición sin darte cuenta, concentrando aún más tu riesgo en unas pocas empresas.
- Riesgo regulatorio: muchas temáticas dependen de políticas gubernamentales. Los ETFs de energías renovables dependen de subsidios y normativas gubernamentales. Los ETFs de cannabis dependen de la legalización. Los ETFs de IA dependen de la regulación de la tecnología. Un cambio normativo puede afectar profundamente a todo un sector.

7.3 El Riesgo De Concentración En El S&P 500: Las Magnificent Seven

Uno de los riesgos más importantes y más ignorados por los inversores en fondos indexados en 2024-2025 es el riesgo de concentración en el S&P 500. Las siete mayores empresas del índice (Apple, Microsoft, Nvidia, Alphabet, Amazon, Meta y Tesla), conocidas como las Magnificent Seven, representaban más del 30 % del S&P 500 a mediados de 2024. En los años 80, las cinco mayores empresas del S&P 500 representaban menos del 15 %. La concentración del índice se ha duplicado.

¿Qué significa esto para ti? Si inviertes 10.000 euros en un ETF del S&P 500, más de 3.000 euros están concentrados en solo siete empresas americanas del sector tecnológico. Si por cualquier motivo (regulación antimonopolio, cambio de ciclo tecnológico, burbuja de IA, etc.) esas siete empresas corrigen un 30-40 %, tu "fondo diversificado" perdería entre un 9 % y un 12 % de su valor solo por esa corrección. Eso no es diversificación real, es una apuesta encubierta al sector tecnológico americano.

Las alternativas para reducir este sesgo son: usar un ETF del MSCI World en lugar del S&P 500 (la concentración en mega-caps americanas es menor porque el índice incluye Europa, Japón, Australia y otros mercados); complementar con un ETF equal-weight (asigna el mismo peso a todas las empresas del S&P 500 en lugar de ponderar por tamaño, reduciendo el dominio de las gigantes tecnológicas); o añadir un ETF de mercados emergentes para descorrelacionar tu cartera de la tecnología americana.

7.4 Integración En Cartera: La Estrategia Núcleo-Satélite

La forma más inteligente de integrar ETFs temáticos en tu cartera es el enfoque núcleo-satélite. Consiste en dividir tu cartera en dos partes: un núcleo grande, estable y diversificado, y unos satélites pequeños donde puedes dar rienda suelta a tus convicciones temáticas.

- Núcleo (70-85 % de la cartera): ETFs de mercado amplio, globalmente diversificados. El MSCI World o el FTSE All-World más bonos globales si tu perfil lo requiere. Este es el motor principal de tu rentabilidad. Es aburrido, predecible y efectivo. No lo toques salvo para reequilibrar.
- Satélites (15-30 % de la cartera): ETFs temáticos o sectoriales

donde tengas una convicción razonada. No más de dos o tres satélites para mantener la simplicidad. Elige temas que entiendas y en los que creas a largo plazo, no modas del momento. Y no pongas más del 5-10 % de tu cartera total en un solo satélite.

Un ejemplo de cartera núcleo-satélite para un inversor moderado podría ser: 65 % en un ETF del MSCI World (núcleo), 15 % en un ETF de bonos globales (núcleo defensivo), 10 % en un ETF de energías renovables (satélite de convicción) y 10 % en un ETF de salud global (otro satélite). El núcleo te da estabilidad y rentabilidad consistente. Los satélites te dan la posibilidad de obtener un plus si tus apuestas temáticas funcionan, con un riesgo limitado porque nunca suponen más de una pequeña parte de tu cartera.

CAPÍTULO 8: FISCALIDAD Y OPTIMIZACIÓN TRIBUTARIA (ESPAÑA 2024)

Este capítulo es específico para inversores residentes fiscales en España. Si vives en otro país, la normativa será diferente, aunque los principios generales de optimización fiscal que explicaremos aquí son aplicables en la mayoría de jurisdicciones. Vamos a explicar cómo tributan las ganancias que obtengas con tus fondos indexados y ETFs, y qué estrategias legales puedes utilizar para pagar menos impuestos.

8.1 Tributación Actualizada: La Base Del Ahorro Del Irpf

En España, las ganancias que obtienes al invertir en fondos indexados y ETFs tributan en la base del ahorro del IRPF (Impuesto sobre la Renta de las Personas Físicas). No tributan en la base general (donde tributa tu salario), sino en una base separada con tipos impositivos más bajos. Esto es importante porque significa que el dinero que ganas invirtiendo está gravado a un tipo menor que el de tu trabajo.

La normativa de 2024 establece los siguientes tramos para la base del ahorro (que incluye tanto las plusvalías de venta de inversiones como los dividendos cobrados):

Tramo	Base imponible (desde-hasta)	Tipo impositivo
Primer tramo	0 - 6.000 euros	19 %
Segundo tramo	6.000 - 50.000 euros	21 %

Tercer tramo	50.000 - 200.000 euros	23 %
Cuarto tramo	200.000 - 300.000 euros	27 %
Quinto tramo	Más de 300.000 euros	28 %

Ejemplo práctico: si vendes participaciones de un ETF y obtienes una plusvalía (beneficio) de 15.000 euros, los primeros 6.000 euros tributan al 19 % (1.140 euros), y los 9.000 euros restantes tributan al 21 % (1.890 euros). Tu factura fiscal total sería de 3.030 euros, un tipo medio efectivo del 20,2 %. Las pérdidas de inversión pueden compensarse con ganancias del mismo ejercicio o de los cuatro ejercicios siguientes, reduciendo tu factura fiscal.

8.2 La Ventaja Fiscal Más Importante: El Traspaso Entre Fondos

Aquí viene una de las diferencias más importantes entre fondos indexados y ETFs en España, y es una razón de peso para considerar los fondos indexados a pesar de sus otras desventajas: el traspaso entre fondos indexados no tributa. Repetimos: cuando traspasas dinero de un fondo indexado a otro fondo indexado, no generas plusvalía fiscal, aunque el fondo que vendes haya ganado valor. No pagas impuestos por ese traspaso.

Imagina que tienes 20.000 euros en un fondo de acciones y quieres moverlos a un fondo de bonos porque tu perfil de riesgo ha cambiado. Si los fondos son fondos indexados UCITS registrados en España, puedes hacer un traspaso directo de uno a otro sin pasar por tu cuenta bancaria y sin tributar. Los 20.000 euros se mueven automáticamente de un fondo al otro, y aunque hayas ganado 5.000 euros de plusvalía en el fondo de acciones, no pagas ni un euro de impuestos por ese traspaso. La plusvalía se "conserva" dentro del nuevo fondo, y solo tributarás cuando vendas definitivamente y retires el dinero.

Esta ventaja NO aplica a los ETFs. Los ETFs son tratados fiscalmente como acciones por Hacienda: cada venta tributa por la plusvalía generada, aunque reinviertas inmediatamente el dinero en otro ETF. Si vendes un ETF con 5.000 euros de plusvalía y al día siguiente compras otro ETF diferente, tienes que tributar por esos 5.000 euros en tu próxima declaración de la renta.

Esa es la razón principal por la que, para inversores españoles, los fondos indexados pueden ser más eficientes fiscalmente que los ETFs, especialmente si planeas hacer reequilibrios periódicos o cambios en tu cartera. Cada reequilibrio en ETFs genera un evento fiscal; cada reequilibrio en fondos indexados no. A lo largo de décadas, esa diferencia puede traducirse en miles de euros de ahorro fiscal.

Operación	Fondo indexado	ETF
Venta y compra de un fondo/ETF diferente	Sin tributación (traspaso)	Tributa por la plusvalía generada
Reequilibrio entre fondos	Sin tributación	Tributa por las ventas
Reembolso parcial o total (retirar dinero)	Tributa por la plusvalía	Tributa por la plusvalía
Dividendos cobrados	Tributan en base del ahorro	Tributan en base del ahorro

8.3 Acumulación Vs. Distribución

Cuando compras un fondo indexado o un ETF, tienes que elegir entre la versión de acumulación (accumulating) y la versión de distribución (distributing). Es una decisión con importantes implicaciones fiscales que debes entender antes de comprar.

Un fondo de acumulación reinvierte automáticamente todos los dividendos que las empresas del fondo pagan. Los dividendos se utilizan para comprar más acciones dentro del fondo, aumentando el valor de tus participaciones, pero tú no recibes ningún pago en efectivo. Desde el punto de vista fiscal, no tributas por esos dividendos reinvertidos hasta el momento en que vendes tus participaciones (lo que se llama diferimiento fiscal).

Un fondo de distribución, en cambio, te paga los dividendos periódicamente en tu cuenta bancaria, normalmente cada trimestre o cada seis meses. Y cada pago de dividendos tributa inmediatamente en la base del ahorro de tu IRPF, al tipo que te corresponda (mínimo 19 %).

La ventaja fiscal de la acumulación es enorme a largo plazo. Imagina que un fondo paga un 2 % de dividendos anuales. Si estás en la versión de distribución, cada año tributas por ese 2 % de dividendos al 19 %, es decir, pierdes un 0,38 % anual por impuestos. Ese dinero ya no se reinvierte y ya no genera interés compuesto. A lo largo de 20 o 30 años, el efecto de esa pequeña fuga fiscal anual es devastador: puede significar decenas de miles de euros menos en tu cartera final.

Para un inversor que está en fase de acumulación de patrimonio (es decir, que no necesita los dividendos para vivir), los fondos de acumulación son prácticamente siempre superiores desde el punto de vista fiscal. Solo deberías elegir la versión de distribución si necesitas los dividendos periódicos como ingresos regulares (por ejemplo, si ya estás jubilado y vives de tus inversiones).

8.4 Estrategias De Optimización Fiscal

Tax-loss harvesting (cosecha de pérdidas fiscales)

Si uno de tus ETFs o fondos ha perdido valor, puedes venderlo para materializar una pérdida de capital. Esa pérdida puede compensarse con ganancias de otros productos financieros del mismo ejercicio fiscal o de los cuatro ejercicios siguientes, reduciendo tu factura fiscal. Es como si Hacienda te permitiera "guardar" esa pérdida para utilizarla cuando tengas beneficios. Ojo: en España existe la norma de "valores homogéneos", que puede limitar la deducibilidad si recompras el mismo fondo u otro muy similar en los 30 días siguientes a la venta. Consulta con un asesor fiscal si tienes dudas.

Usar nuevas aportaciones para reequilibrar

Una forma muy eficiente de reequilibrar tu cartera sin generar impuestos es, en lugar de vender lo que ha subido, destinar tus nuevas aportaciones mensuales a los fondos que han perdido peso en tu cartera. Si tu asignación objetivo era 80 % acciones y 20 % bonos, pero tras un año de subida en bolsa la proporción es ahora 85 % acciones y 15 % bonos, en lugar de vender acciones (lo que generaría plusvalía imponible), puedes dirigir tus nuevas aportaciones mensuales exclusivamente al fondo de bonos hasta que la proporción vuelva al 80/20 objetivo. Es simple, gratuito y fiscalmente eficiente.

Planes de pensiones

Las aportaciones a planes de pensiones reducen directamente tu base imponible general (la de tu salario), no la del ahorro. Para 2024, el límite es el menor de 1.500 euros anuales o el 30 % de tus rendimientos netos del trabajo. Si tu tipo marginal en la base general es, por ejemplo, del 37 %, aportar 1.500 euros a un plan de pensiones te reduce la factura fiscal en 555 euros ese año. El inconveniente es que el dinero no está disponible hasta la jubilación y, cuando lo retires, tributa como rendimiento del trabajo (no como ahorro).

PIAS

Los Planes Individuales de Ahorro Sistemático (PIAS) son una figura fiscal específica de España que permite que los rendimientos estén exentos de tributación si se cumplen dos condiciones: mantener la inversión al menos 5 años, y cobrar el dinero en forma de renta vitalicia (no como pago único). La aportación máxima es de 2.400 euros anuales. Son interesantes si tu objetivo es complementar tu jubilación con un ingreso periódico y quieres que esos ingresos estén exentos de impuestos.

CAPÍTULO 9: REEQUILIBRIO Y MANTENIMIENTO DE LA CARTERA

Una vez que tienes tu cartera montada y funcionando, ¿la dejas ahí para siempre? No del todo. Con el paso del tiempo, los distintos componentes de tu cartera crecen a ritmos diferentes, lo que hace que la proporción original que definiste se desvíe. El reequilibrio es el proceso de volver a ajustar esas proporciones a tu asignación objetivo. Es como aflojar los tornillos de una silla que con el uso se han ido desenroscando: un mantenimiento periódico que mantiene todo firme y seguro.

9.1 Por Qué Y Cuándo Reequilibrar

Imagina que defines tu cartera como 80 % acciones y 20 % bonos. Durante un año, las acciones suben un 15 % y los bonos suben un 3 %. Al final del año, tu cartera ya no es 80/20: es aproximadamente 83/17. Las acciones han ganado peso. Si otro año más las acciones vuelven a subir mucho, tu cartera podría estar en 88/12. Tu perfil de riesgo, sin embargo, no ha cambiado, así que tu cartera se ha vuelto más agresiva de lo que tú querías.

Eso significa que estás asumiendo más riesgo del que planificaste. Si llega una caída del mercado cuando tu cartera está en 88/12 en lugar de 80/20, perderás más dinero del que estarías dispuesto a perder. El reequilibrio es el mecanismo que te devuelve a tu asignación objetivo vendiendo lo que ha subido (acciones) y comprando lo que ha bajado (bonos). Paradojalmente, esto significa que vendes cuando las cosas van bien y compras cuando van mal, que es exactamente lo contrario de lo que hace el inversor medio. Y por eso funciona.

Estrategia de reequilibrio	Ventajas	Inconvenientes
Calendario fijo (1-2 veces al año)	Sencillo, automático, sin emociones	Puede no ser necesario si el desvío es pequeño
Por desviación (cuando supera ±5 %)	Solo actúa cuando es necesario	Requiere monitorización periódica
Con nuevas aportaciones	Sin impacto fiscal, sin costes de transacción	Solo funciona si hay aportaciones regulares
Combinación (ideal)	Aprovecha lo mejor de cada método	Requiere un poco más de organización

9.2 Cómo Reequilibrar Eficientemente Sin Generar Costes Innecesarios

El reequilibrio tiene un coste: cada venta genera un impuesto (en el caso de ETFs), cada compra genera una comisión de bróker, y operar con demasiada frecuencia puede contrarrestar los beneficios del reequilibrio. Por eso, es importante hacerlo de forma eficiente. Aquí van las mejores estrategias, ordenadas de menor a mayor coste fiscal:

- Prioriza el reequilibrio mediante nuevas aportaciones: en lugar de vender lo que ha subido, compra más de lo que ha perdido peso con tus siguientes aportaciones mensuales. Es gratis, no genera impuestos y no requiere venta alguna. Es siempre la primera opción que deberías considerar.
- Si necesitas vender, hazlo en cuentas fiscalmente eficientes primero: los planes de pensiones no tributan en el momento de la operación, así que cualquier reequilibrio dentro de un plan de pensiones es gratuito desde el punto de vista fiscal.
- En fondos indexados españoles, usa siempre el traspaso, no el reembolso: mueve el dinero directamente de un fondo al otro sin pasar por tu cuenta bancaria. Si has leído el capítulo de fiscalidad, ya sabes que esto no genera tributación.

- No reequilibres más de una o dos veces al año, salvo que el desvío sea muy grande (más del 10 % de la asignación objetivo). El reequilibrio excesivo genera costes de transacción y eventos fiscales innecesarios.

9.3 El Riesgo De Secuencia De Rendimientos

El riesgo de secuencia de rendimientos es, quizá, el riesgo menos comprendido por los inversores particulares, y es especialmente crítico para quienes están cerca de la jubilación o ya están jubilados. Describe cómo el orden en que se producen los rendimientos de una cartera importa tanto como su media a largo plazo, y puede marcar la diferencia entre una jubilación cómoda y quedarse sin dinero.

Imagina dos carteras idénticas de 500.000 euros de las que su propietario retira 20.000 euros al año para vivir. Ambas carteras tienen una rentabilidad media del 7 % anual a lo largo de 20 años. Pero la cartera A sufre grandes caídas en los primeros años y crece mucho después, mientras que la cartera B crece primero y tiene caídas al final. ¿Cuál termina con más dinero? La cartera B, por una razón simple: en la cartera A, las retiradas de dinero durante los años de caída reducen el capital base del que la cartera puede recuperarse después. Es como una herida en el tronco de un árbol joven que, aunque el árbol siga creciendo, le deja marcado permanentemente.

Ejemplo numérico: si eres un jubilado que retira 2.000 euros al mes de tu cartera y el mercado cae un 40 % justo en los primeros dos años de tu jubilación, estarás vendiendo participaciones a precios muy bajos para cubrir tus gastos. Esa venta masiva en los peores momentos reduce el capital de forma permanente: aunque el mercado se recupere después, tú ya no tienes suficientes participaciones para beneficiarte de la recuperación. Es un efecto devastador que ha arruinado planes de jubilación de muchos inversores.

Estrategias para mitigar este riesgo:

- Regla del 4 %: no retires más del 4 % de tu cartera al año

(ajustada a inflación). Históricamente, esta tasa de retirada ha sobrevivido a los peores escenarios en los últimos 100 años, incluyendo la Gran Depresión, la crisis de 1973-74 y la crisis financiera de 2008.
- Colchón de liquidez: mantén entre 1 y 2 años de gastos en efectivo o fondos monetarios. En años de caída bursátil, retira del colchón y deja que la cartera bursátil se recupere sin presión de ventas.
- Reducción gradual del riesgo: en los 5 años antes y los 5 años después de la jubilación, reduce progresivamente la exposición a acciones y aumenta los bonos. Es la zona de mayor vulnerabilidad.
- Ancho de seguridad: si puedes, genera ingresos adicionales (trabajo a tiempo parcial, alquiler de una habitación, ingresos por dividendos de fondos de distribución) para reducir la cantidad que necesitas retirar de tu cartera durante los años críticos.

9.4 Robo-Advisors Vs. Gestión Diy

Una decisión que muchos inversores se plantean es si gestionar su cartera ellos mismos (lo que se llama gestión DIY, "do it yourself") o delegar esa gestión en un robo-advisor (asesor robótico). Un robo-advisor es un servicio automatizado que, tras responder a un cuestionario sobre tu perfil de riesgo, horizonte temporal y objetivos, te propone una cartera de ETFs, la reequilibra automáticamente y se encarga de todos los detalles operativos.

La ventaja principal del robo-advisor es la comodidad y la tranquilidad. No tienes que saber nada de inversiones, no tienes que tomar decisiones, no tienes que preocuparte por el reequilibrio ni por la fiscalidad (algunos robo-advisors ofrecen optimización fiscal automática). La desventaja es el coste: los robo-advisors cobran una comisión por su servicio que se suma a la del ETF. Normalmente está entre el 0,50 % y el 1,00 % anual sobre el patrimonio gestionado. A largo plazo, esa comisión adicional puede suponer una cantidad considerable de dinero.

Factor	Gestión DIY	Robo-advisor
Coste total anual (aprox.)	0,07 % - 0,30 % (solo comisiones del ETF)	0,60 % - 1,20 % (ETF + comisión del servicio)
Conocimientos necesarios	Medios: debes aprender lo básico	Ninguno: el sistema lo hace todo
Tiempo dedicado	Algunas horas al mes (al principio) y luego casi nada	Cero: totalmente automatizado
Control sobre la cartera	Total: decides cada producto y cada operación	Limitado: eliges el perfil, el sistema elige los productos
Reequilibrio	Manual (o semiautomático según bróker)	Automático
Optimización fiscal	Depende de ti	Algunos la incluyen automáticamente
A partir de qué cartera compensa DIY	50.000+ euros	Cualquier tamaño

Para carteras de menos de 50.000 euros, el coste adicional del robo-advisor en términos absolutos es reducido (unos 250-500 euros al año) y puede valer la pena por la tranquilidad. Para carteras más grandes, la gestión DIY se vuelve más atractiva porque el ahorro en comisiones es mayor. En cualquier caso, la opción más importante es empezar a invertir, sea cual sea la forma que elijas. Es mejor invertir con un robo-advisor que no invertir en absoluto mientras esperas a aprender a hacerlo tú mismo.

CAPÍTULO 10: CASOS PRÁCTICOS, FUTURO Y CONSEJOS FINALES

Llegamos al último capítulo del libro. Aquí vamos a juntarlo todo con ejemplos concretos de carteras que puedes copiar y adaptar a tu situación. También echaremos un vistazo a las tendencias que están marcando el futuro de la inversión pasiva, y cerraremos con los diez principios que todo inversor pasivo inteligente debería grabar a fuego en su mente.

10.1 Tres Carteras Modelo Con Productos Reales (2026)

Estos son tres ejemplos concretos de carteras que puedes implementar hoy mismo con productos reales, disponibles en cualquier bróker europeo. No son recomendaciones personalizadas (cada persona tiene una situación única), sino plantillas de referencia que puedes adaptar a tu perfil, horizonte temporal y tolerancia al riesgo.

Cartera agresiva (horizonte 20+ años)

Esta cartera está diseñada para inversores jóvenes con un horizonte temporal largo, que pueden tolerar caídas fuertes a cambio de maximizar la rentabilidad a largo plazo. Está compuesta casi en su totalidad por renta variable (acciones) con una pequeña exposición a bonos.

Producto	Ticker	Asignación	Clase de activo	TER
Vanguard FTSE All-	VWCE	60 %	Acciones globales (desa-	0,22 %

World UCITS ETF (Acc)			rrollados + emergentes)	
iShares Core MSCI World UCITS ETF (Acc)	IWDA	25 %	Acciones países desarrollados	0,20 %
Vanguard Real Estate ETF	VNRT	10 %	REITs (inmuebles)	0,12 %
iShares EUR Agg Bond UCITS ETF	AGGH	5 %	Bonos globales	0,10 %

TER medio ponderado: ~0,20 %. Rentabilidad esperada: 8-10 % nominal anual. Máxima caída histórica: -50 %.

Simulación: si inviertes 400 euros al mes durante 30 años y obtienes un 8 % de rentabilidad anual, tu cartera alcanzaría aproximadamente 590.000 euros. De esos 590.000, solo 144.000 euros serían aportaciones propias. Los 446.000 euros restantes habrían sido generados por el interés compuesto. Ese es el poder del tiempo y la constancia.

Cartera moderada (horizonte 10-20 años)

Esta cartera equilibra crecimiento y protección mediante una mezcla de acciones y bonos. Es adecuada para inversores de edades intermedias o para personas con un horizonte medio que no quieren exponerse a las caídas máximas de una cartera 100 % en acciones.

Producto	Ticker	Asignación	Clase de activo	TER
Vanguard FTSE All-World	VWCE	55 %	Acciones globales	0,22 %

FONDOS INDEXADOS Y ETFS

Producto	Ticker	Asignación	Clase de activo	TER
UCITS ETF (Acc)				
iShares Core MSCI Europe UCITS ETF	EUNL	15 %	Acciones europeas	0,20 %
iShares EUR Agg Bond UCITS ETF	AGGH	25 %	Bonos globales en euros	0,10 %
iShares Euro Liquid Corp Bond UCITS	IACB	5 %	Bonos corporativos euros	0,20 %

TER medio ponderado: ~0,18 %. Rentabilidad esperada: 6-7,5 % nominal anual. Máxima caída posible: -25 % a -35 %.

Cartera conservadora (jubilados o fase de retirada)

Esta cartera prioriza la preservación del capital y la generación de ingresos estables. Está diseñada para personas jubiladas o cercanas a la jubilación que necesitan proteger su patrimonio y no pueden permitirse grandes caídas. Incluye un colchón de liquidez para hacer frente a retiradas durante caídas del mercado.

Producto	Ticker	Asignación	Clase de activo	TER
Vanguard FTSE All-World UCITS ETF (Acc)	VWCE	30 %	Acciones globales (motor de crecimiento)	0,22 %
iShares EUR Agg Bond UCITS ETF	AGGH	35 %	Bonos globales (estabilidad)	0,10 %
iShares Euro Gov Bond UCITS ETF	IEGA	15 %	Bonos gubernamentales euros	0,09 %

| Fondo monetario o depósito | - | 15 % | Efectivo (colchón de liquidez) | Variable |
| Vanguard Real Estate ETF | VNRT | 5 % | REITs (diversificador) | 0,12 % |

TER medio ponderado: ~0,15 %. Rentabilidad esperada: 3-4,5 % nominal anual. Máxima caída posible: -10 % a -18 %.

Con esta cartera, siguiendo la regla del 4 %, podrías retirar hasta un 4 % del capital inicial al año ajustado a inflación. Para una cartera de 300.000 euros, eso significa hasta 12.000 euros al año (1.000 euros al mes) con una probabilidad muy alta de que el dinero dure al menos 30 años.

10.2 Carteras Alternativas Que Debes Conocer

La Cartera Permanente de Harry Browne

Diseñada en los años 80 por el economista Harry Browne, esta cartera asigna un 25 % a cada una de cuatro clases de activos: 25 % acciones (para el crecimiento económico), 25 % bonos a largo plazo (para proteger contra deflación y caídas de tipos), 25 % oro (para proteger contra inflación y crisis de confianza en las divisas) y 25 % efectivo o bonos a corto plazo (para protección contra recesiones). Es una de las carteras más robustas jamás diseñadas porque, sea cual sea el escenario económico, al menos uno de sus cuatro componentes tiende a funcionar bien. Su rentabilidad histórica ha sido inferior a la de una cartera 100 % acciones, pero su volatilidad y sus caídas máximas han sido mucho menores. En 2022, año en que las acciones y los bonos cayeron simultáneamente, la Cartera Permanente perdió menos de un 5 % gracias a la subida del oro y del efectivo.

La Cartera de Tres Fondos de Rick Ferri

Una de las propuestas más simples y populares de la comunidad de inversores pasivos. Consiste en solo tres ETFs de bajo coste: un ETF de acciones globales (por ejemplo, VWCE, 60-80 %), un ETF de bonos globales (por ejemplo, AGGH, 15-30 %) y opcionalmente un ETF de mercados emergentes (por ejemplo, EMIM, 5-15 %) si el ETF global no los incluye en la proporción deseada. Su fortaleza es la simplicidad extrema: tres fondos, bajo coste, reequilibrio anual, mantener. Es una cartera que puedes gestionar en 15 minutos al año.

Fondos de fecha objetivo (Target-Date Funds)

Los fondos de fecha objetivo son fondos "todo en uno" que ajustan automáticamente la proporción de acciones y bonos a medida que se aproxima un año concreto (por ejemplo, 2050 para alguien que planea jubilarse ese año). Cuando el fondo está lejos de la fecha objetivo, tiene un porcentaje alto de acciones (porque hay mucho tiempo para recuperarse de las caídas). A medida que se acerca la fecha, reduce gradualmente las acciones y aumenta los bonos, haciéndose más conservador. Es la opción más "piloto automático" que existe: compras un solo fondo y no tienes que hacer nada más durante décadas.

10.3 Tendencias Que Marcarán El Futuro De La Inversión Pasiva

Inversión ESG

Los ETFs ESG (Environmental, Social, Governance) invierten en empresas que cumplen criterios de sostenibilidad ambiental, impacto social positivo y buen gobierno corporativo. Han crecido enormemente en los últimos años: la inversión ESG ha pasado de gestionar 11 billones de dólares en 2018 a más de 35 billones en 2024. La conclusión honesta es que los ETFs ESG no son mágicamente superiores en rentabilidad a los ETFs convencionales: dependiendo del periodo y del índice, pueden rendir más o menos. Son una opción válida si tus valores éticos son parte de tu estrategia de inversión, pero no esperes una rentabilidad sistemáticamente superior por invertir "sostenible".

Smart Beta y ETFs multifactor

Los ETFs de Smart Beta siguen índices construidos con criterios sistemáticos distintos a la capitalización de mercado. En lugar de dar más peso a las empresas más grandes (como hacen los índices tradicionales), ponderan por valor (empresas baratas respecto a sus beneficios), calidad (empresas con balances saneados y beneficios estables), momentum (empresas que han subido más recientemente) o baja volatilidad (empresas con precios menos volátiles). Son una forma de intentar mejorar la rentabilidad de tu cartera sobre el índice de mercado sin recurrir a la gestión activa discrecional. Los resultados históricos son prometedores pero no garantizados.

Tokenización de activos

La tokenización, es decir, convertir participaciones de fondos en tokens digitales negociables en cadenas de bloques (blockchain), podría reducir costes operativos, mejorar la liquidez y democratizar aún más el acceso a los mercados financieros. Es una tendencia incipiente pero que instituciones como BlackRock ya están explorando activamente. En los próximos años, podríamos ver ETFs que se negocien como tokens en plataformas blockchain, reduciendo costes y tiempos de settlement.

Inteligencia artificial en la gestión de carteras

Los robo-advisors de próxima generación incorporarán IA no solo para seleccionar productos, sino para personalizar carteras según la situación fiscal individual, los objetivos de vida y las preferencias de cada inversor de una forma que no era posible con los modelos simplificados actuales. La IA también podría mejorar la detección de riesgos y la optimización del reequilibrio, aunque siempre bajo la supervisión del inversor.

10.4 Los 10 Principios Del Inversor Pasivo Inteligente

Para cerrar este libro, aquí tienes los diez principios que, si los sigues, te pondrán en el camino correcto para construir riqueza de forma lenta, aburrida y fiable a lo largo de las décadas:

N.º	Principio	Explicación
1	Empieza ya	El mejor momento para empezar a invertir fue hace 20 años. El segundo mejor momento es hoy.
2	Mantén la simplicidad	No necesitas más de 2-3 fondos para estar perfectamente diversificado. La complejidad no mejora los resultados.
3	Minimiza las comisiones	Cada 0,10 % de comisión adicional que pagas es dinero que te roban décadas de rentabilidad.
4	Automatiza tus inversiones	Configura aportaciones automáticas. Elimina la tentación de intentar adivinar el mercado.
5	No mires el precio todos los días	Tu cartera es para los próximos 20-30 años. Lo que pase hoy o esta semana es irrelevante.
6	Diversifica globalmente	España es menos del 1 % del mercado mundial. No apuestes tu futuro financiero a un solo país.
7	Invierte en acumulación	Los fondos de acumulación son fiscalmente más eficientes. Reinvertir dividendos sin tributar acelera el interés compuesto.
8	Reequilibra 1-2 veces al año	Vuelve a tu asignación objetivo periódicamente. Vende lo que ha subido y compra lo que ha bajado.
9	Ten paciencia	La inversión pasiva es aburrida y lenta. Esa es exactamente su fortaleza. No busques emociones en tus inversiones.

| 10 | Nunca vendas por miedo | Las caídas son temporales. Quienes venden en pánico tras una caída son los que pierden dinero de verdad. |

CONCLUSIÓN

No necesitas ser más listo que el mercado. Solo necesitas ser más paciente. Ese es, en una sola frase, el mensaje central de todo este libro.

Hemos recorrido juntos los fundamentos de la inversión pasiva con un nivel de detalle que pocas guías ofrecen: desde el mecanismo interno por el que los ETFs mantienen su precio cercano al valor real de sus activos, hasta las particularidades fiscales que hacen que los fondos indexados sean más eficientes que los ETFs para inversores españoles. Hemos visto cómo las comisiones destruyen patrimonio a largo plazo, cómo el 93 % de los fondos activos fracasan en su intento de superar al mercado, y cómo puedes construir una cartera diversificada con solo dos o tres productos de bajo coste.

El mensaje central no ha cambiado en las casi cinco décadas desde que John Bogle lanzó el primer fondo indexado: los mercados tienden a subir a largo plazo, las comisiones importan enormemente, la diversificación reduce el riesgo, y la paciencia es la virtud más rentable que puede tener un inversor.

Ronald Read, el conserje de Vermont que acumuló 8 millones de dólares comprando acciones sólidas y nunca vendiendo, no tenía ningún conocimiento especial de finanzas. No tenía un MBA, no trabajaba en Wall Street, no tenía acceso a información privilegiada. Tenía algo más valioso: sentido común, disciplina y tiempo. Esas tres cualidades están al alcance de cualquier persona que esté leyendo estas líneas.

No hay secreto. Hay disciplina, consistencia y el coraje de no hacer nada cuando el mercado asusta. Empieza con lo que puedas. Empieza hoy. El interés compuesto hará el resto.

GLOSARIO DE TÉRMINOS FINANCIEROS

AUM (Assets Under Management)
Valor total del capital gestionado por un fondo o gestora. Un AUM alto suele indicar que el fondo es popular, fiable y líquido.

Bid-ask spread
Diferencia entre el precio al que puedes comprar un ETF (ask) y el precio al que puedes venderlo (bid). Es un coste de cada operación. Cuanto más estrecho, mejor.

Buy & Hold
Estrategia de inversión que consiste en comprar activos y mantenerlos a largo plazo sin reaccionar a las fluctuaciones del mercado. Es la estrategia pasiva por excelencia.

DCA (Dollar-Cost Averaging)
Estrategia que consiste en invertir una cantidad fija de dinero de forma periódica, independientemente del precio del mercado. Permite "comprar barato" de forma automática cuando el mercado baja.

ETF (Exchange-Traded Fund)
Fondo de inversión que cotiza en bolsa y se compra y vende como una acción. Normalmente replica un índice bursátil.

ETF apalancado / inverso
ETF que intenta ofrecer un múltiplo (2x, 3x) o el inverso (-1x) del rendimiento diario de un índice. No son adecuados para inversores a largo plazo.

Fondo de acumulación
Fondo que reinvierte automáticamente los dividendos generados por las empresas que posee. No pagas impuestos por esos dividendos hasta que vendes tus participaciones.

Fondo de distribución

Fondo que paga periódicamente los dividendos en efectivo a sus partícipes. Cada pago de dividendos tributa en la declaración de la renta.

Fondo indexado

Fondo de inversión cuyo único objetivo es replicar el rendimiento de un índice bursátil específico. Lo hace de forma pasiva, con comisiones mucho más bajas que los fondos activos.

Hedged / Unhedged

Hedged: ETF con cobertura de riesgo divisa (las fluctuaciones cambiarias se neutralizan). Unhedged: sin cobertura, tu rentabilidad en euros se ve afectada por los cambios de divisa.

iNAV

Indicador de NAV en tiempo real: estimación continua del valor liquidativo de un ETF durante el horario de mercado, publicada por la gestora. Te ayuda a saber si el precio de bolsa es justo.

KID (Key Information Document)

Documento obligatorio de máximo dos páginas que toda gestora UCITS debe publicar. Contiene información estandarizada sobre costes, riesgos y rendimientos pasados.

Magnificent Seven

Las siete mayores empresas del S&P 500 por capitalización bursátil en 2024: Apple, Microsoft, Nvidia, Alphabet, Amazon, Meta y Tesla. Representan más del 30 % del índice.

NAV (Net Asset Value)

Valor liquidativo: valor total de los activos del fondo dividido entre el número de participaciones. Es el precio "real" del fondo.

Participante Autorizado (AP)

Gran institución financiera con contrato especial con la gestora del ETF para crear o redimir bloques de participaciones. Son los que mantienen el precio del ETF cerca del NAV.

PRIIPs / MiFID II

Regulaciones europeas que exigen a las gestoras publicar documentos KID y prohíben la venta de ciertos productos americanos a inversores minoristas europeos.

Reequilibrio
Proceso de ajustar las proporciones de los activos en tu cartera para mantener la asignación objetivo. Se hace vendiendo lo que ha subido y comprando lo que ha bajado.

Riesgo de secuencia de rendimientos
Riesgo de que una caída del mercado al inicio de la fase de retirada de capital destruya patrimonio de forma permanente, incluso si la rentabilidad media a largo plazo es buena.

S&P 500
Índice bursátil que agrupa las 500 mayores empresas cotizadas en bolsas de Estados Unidos, ponderadas por su tamaño. Es el índice de referencia más seguido del mundo.

Securities lending
Práctica por la cual un ETF presta temporalmente sus activos a terceros a cambio de una compensación económica. Los ingresos reducen la tracking difference del ETF.

SPIVA
S&P Indices Versus Active: informe semestral que compara el rendimiento de miles de fondos activos frente a sus índices de referencia. Demuestra consistentemente que la mayoría de fondos activos fracasan.

TER (Total Expense Ratio)
Ratio de gastos totales: comisión anual declarada de un fondo, expresada como porcentaje del valor de los activos. No incluye todos los costes reales.

Tracking Difference (TD)
Diferencia acumulada anual entre el rendimiento del ETF y el del índice que replica. Es el coste real total para el inversor. Debe ser lo más baja posible.

Tracking Error (TE)
Desviación estándar de las diferencias diarias de rendimiento entre el ETF y el índice. Mide la consistencia de la réplica, no el coste.

UCITS

Regulación europea que establece los estándares mínimos de protección al inversor para fondos comercializados en la UE: diversificación, custodia separada, liquidez, documento KID.

FUENTES Y REFERENCIAS

[1] S&P Dow Jones Indices. SPIVA Europe Scorecard (2023). Disponible en: spglobal.com/spdji

[2] Bogle, J.C. (2007). The Little Book of Common Sense Investing. Wiley.

[3] Bernstein, W.J. (2002). The Four Pillars of Investing. McGraw-Hill.

[4] Ferri, R. (2010). All About Index Funds. McGraw-Hill.

[5] Sharpe, W.F. (1991). The Arithmetic of Active Management. Financial Analysts Journal, 47(1).

[6] Fama, E.F. (1970). Efficient Capital Markets: A Review of Theory and Empirical Work. Journal of Finance, 25(2).

[7] MSCI Inc. Index methodology and historical data. Disponible en: msci.com

[8] iShares by BlackRock. ETF product pages and KIID documents. Disponible en: ishares.com

[9] Vanguard Group. ETF product pages and annual reports. Disponible en: vanguard.co.uk

[10] Amundi ETF. Product pages and methodology. Disponible en: amundietf.com

[11] Agencia Tributaria de España. IRPF - Base del ahorro y ganancias patrimoniales (2024). Disponible en: agenciatributaria.es

[12] CNMV. Regulación UCITS y MIFID II. Disponible en: cnmv.es

[13] Bengen, W. (1994). Determining Withdrawal Rates Using Historical Data. Journal of Financial Planning.

[14] Browne, H. (1999). Fail-Safe Investing. St. Martin's Griffin.

[15] Swedroe, L. & Grogan, K. (2014). The Only Guide You'll Ever Need for the Right Financial Plan. Bloomberg Press.

www.ingramcontent.com/pod-product-compliance
Lightning Source LLC
Chambersburg PA
CBHW070357230526
45471CB00006B/2607